三大密教陀羅尼

삼대밀교다라니

Padma

<빠알리어 삼귀의 예경문>

Ti-Saran.a

띠-사라나

Namo Tassa Bhagavato Arahato Sammāsambuddhassa

나모 땃사 바가와또 아라하또 삼마 - 삼붇닷사

Namo Tassa Bhagavato Arahato Sammāsambuddhassa

나모 땃사 바가와또 아라하또 삼마 - 삼붇닷사

Namo Tassa Bhagavato Arahato Sammāsambuddhassa

나모 땃사 바가와또 아라하또 삼마 - 삼붇닷사

Buddham. Saran.am. Gaccāmi

붇당 사라낭 갓차미

Dhammam. Saran.am. Gaccāmi

담망 사라낭 갓차미

San.gham. Saran.am. Gaccāmi

상강 사라낭 갓차미

Dutiyaṃpi Buddham. Saran.am. Gaccāmi

두띠양삐 붇당 사라낭 갓차미

Dutiyaṃpi Dhammam. Saran.am. Gaccāmi

두띠양삐 담망 사라낭 갓차미

Dutiyaṃpi San.gham. Saran.am. Gaccāmi

두띠양삐 상강 사라낭 갓차미

Tatiyaṃpi Buddham. Saran.am. Gaccāmi

따띠양삐 붇당 사라낭 갓차미

Tatiyaṃpi Dhammam. Saran.am. Gaccāmi

따띠양삐 담망 사라낭 갓차미

Tatiyaṃpi San.gham. Saran.am. Gaccāmi

따띠양삐 상강 사라낭 갓차미

삼귀의(三歸依) 예경문(禮敬文)

삼귀의(三歸依)

세상에 존귀한 분, 공양받아 마땅한 분,
바르게 깨달으신 그분께 귀의 합니다.

세상에 존귀한 분, 공양받아 마땅한 분,
바르게 깨달으신 그분께 귀의 합니다.

세상에 존귀한 분, 공양받아 마땅한 분,
바르게 깨달으신 그분께 귀의 합니다.

부처님께 귀의합니다.
가르침에 귀의합니다.
승가에 귀의합니다.

두 번째로 부처님께 귀의합니다.
두 번째로 가르침에 귀의합니다.
두 번째로 승가에 귀의합니다.

세 번째로 부처님께 귀의합니다.
세 번째로 가르침에 귀의합니다.
세 번째로 승가에 귀의합니다.

서문(序文)

어느 날부터인가 다라니(陀羅尼)에 대해 관심(觀心)을 가지게 되면서 그 다라니(陀羅尼)의 근원(根源)은 범어(梵語)로부터 비롯됨을 알게 되었으니 자연(自然)히 범서(梵書)에 대해 기본(基本)이나마 알 필요성(必要性)을 느끼게 되었다. 그 이후(以後) 범서(梵書)를 짧게 연구(硏究)하는 과정(過程)에 그와 관련(關聯)된 책자(冊子)와 인터넷 상의 고려대장경(高麗大藏經), 중화대장경(中華大藏經), 대정신수대장경(大正新脩大藏經)과도 일부(一部) 인연(因緣)이 되어 접(接)해보게 되었는바 각각(各各)의 대장경(大藏經) 첫 표제부(表題部)에 실려 있는 경전(經典)의 여러 분류체계(分類體系)만으로도 그 내용(內容)이 방대(厖大)함을 느끼기에 충분(充分)하였다. 그동안 대각자(大覺者)의 가르침 말씀을 헤아려본다면 경전(經典)의 내용(內容)이나 다라니(陀羅尼)를 받아 지녀서 읽고 외우는 수지독송(受持讀誦)의 실천행(實踐行)은 큰 이익공덕(利益功德)이 성취(成就)됨을 알게 되었고 더욱이 수많은 경전(經典) 곳곳에 감초(甘草)처럼 설(說)해져있는 다라니(陀羅尼)와 신주(神呪)와 진언(眞言)과 염불(念佛) 등으로 얻어지는 위신력(威神力)에 대한 그 성취공덕(成就功德)의 내용(內容) 또한 방대(厖大)함을 알게 되어 주마간산(走馬看山) 하듯 대강(大綱)만이라도 살펴보았으니 그 정도(程度)의 일만으로도 스스로에게는 과분(過分)한 일이 아닐 수 없었다. 이제 경전(經典)의 가르침 말씀에 따른 다라니(陀羅尼), 신주(神呪), 진언(眞言)에 관련된 몇몇의 대장경원문(大藏經原文) 일부(一部)와 함께 매끄럽지 못한 역자(譯者)의 번역(飜譯)으로나마 들어가는 글 삼아 이곳에 실어놓고자 하니 독자(讀者)의 해량(海諒)한 이해(理解)를 구(求)하고자 하며 마땅히 대각자(大覺者)의 위없는 가르침에 크게 누(累)가 되지 않을까 스스로는 염려(念慮)해 보면서 조심스럽게 그 몇몇의 내용(內容)을 발췌(拔萃)하여 이곳으로 옮겨와 본다.

첫째, 중천축(中天竺) 고덕사문(高德沙門) 아지구다(阿地瞿多)가 한역(漢譯)한 다라니집경(陀羅尼集經) 첫머리에 실려 있는 불설다라니집경번역서(佛說陀羅尼集經翻譯序)의 원문내용(原文內容)의 짧은 첫머리 글을 풀이해보면서 다라니(陀羅尼)의 위신력(威神力)에 대한 내용(內容)을 간략(簡略)하게 접(接)하여 살필 수 있었는데 그 내용(內容)은 다음과 같다.

原文） 若夫陀羅尼印壇法門者。斯迺衆經之心髓。引萬行之導首。宗深祕密。非淺識之所知。義趣冲玄。匪思慮之能測。密中更密。無得稱焉。

譯解） 다라니인단법문(陀羅尼印壇法門)에 대해서 이것은 곧 온갖 경전(經典)의 심수(心髓)이다. [다라니]는 수행자(修行者)들이 지켜야 할 여러 가지 행동[萬行]을 이끄는 우두머리[導首]로서 종지(宗旨)가 깊고 비밀(秘密)스러워 얕은 식견(識見)으로는 알 수 있는 바가 아니며 의(義)로움으로 향(向)해 나아감이 깊어서 현묘(玄妙)하다. [다라니]는 생각으로 분별(分別)하여 능(能)히 헤아릴 수 있는 것이 아니니 비밀(秘密)한 가운데 다시 비밀(秘密)하여 어떻게 칭(稱)할 수가 없다.

둘째, 당(唐)나라 삼장(三藏) 현장법사(玄奘法師)가 한역(漢譯)한 불공견색신주심경(不空羂索神呪心經)의 내용(內容)을 살펴보면 다음과 같다.

原文） 彼佛世尊憐愍我故。爲我說此大神呪心。時我受持威神力故。常爲無量淨居天衆。自在天衆大自在天衆。大梵天王及餘天衆。無量百千恭敬供養尊重讚歎。我皆化彼令趣無上正等菩提。我依如是功德力故。便獲十億不空妙智上首莊嚴大三摩地。由斯定力現見十方無量無數諸佛世界。一切如來及諸衆會。皆往供養聽聞正法。展轉敎化無量有情。皆令發心趣無上覺。

譯解） 저 불세존(佛世尊)께서는 우리를 가엾게 여기시는 까닭에 우리를 위해 이러한 대신주심(大神呪心)을 설(說)하시나니 우리들이 [대신주를] 받아 지닐 때에 위신력(威神力)이 생기게 되어 항상(恒常) 헤아릴 수 없는 정거천(淨居天)의 대중(大衆), 자재천(自在天)의 대중(大衆)과 대자재천(大自在天)의 대중(大衆), 대범천왕(大梵天王)과 나머지 하늘의 대중(大衆)들이 헤아릴 수 없는 백천(百千)의 공경(恭敬)함과 공양(供養)함과 존중(尊重)함과 찬탄(贊嘆)을 하게 되는데 [대신주를 받아 지닌] 우리 모두가 그들로 하여금 교화(敎化)되어 최상(最上)의 깨달음으로 향해 나아가게 된다. 우리는 이와 같은 공덕(功

德)의 힘에 의지(依支)하는 까닭에 다시 십억불공묘지상수장엄(十億不空妙智上首莊嚴)인 대삼마지(大三摩地)를 얻게 되고 이 선정(禪定)의 힘으로 말미암아 현재(現在) 시방(十方)에 헤아릴 수 없이 많은 부처님 세계(世界)를 보게 되어 일체여래(一切如來)와 모든 대중(大衆)들의 법회(法會)에 모두 가서 공양(供養)올리고 정법(正法)을 들을 수 있으며 되돌아 와서는 헤아릴 수 없는 유정중생(有情衆生)들을 교화(敎化)할 수 있는 것이니 모두를 발심(發心)하게 하여 최상(最上)의 깨우침으로 나아가게 하는 것이다.

셋째, 당(唐)나라 삼장(三藏) 보리류지(菩提流志)가 소역(詔譯)한 대보적경 제6권 청정다라니품(大寶積經 第六卷 清淨陀羅尼品)의 내용(內容) 일부(一部)를 살펴보면 다음과 같다.

原文) 佛復告無邊莊嚴菩薩摩訶薩言。此陀羅尼清淨法門。一切諸佛常所護念攝受開演。住於十方三世諸佛。亦皆宣說如是法門。爲諸菩薩。開示三世平等法性。由是能於三世諸法如實悟入此之法門。成就菩薩清淨三世總持慧故。彼諸菩薩無有世想。於善不善了知無二。而能生長種種善根。身語意業悉皆清淨。能遍清淨無量法門。爲得清淨總持慧故。亦能開演無起作性清淨法教。復能開示一切諸法畢竟空寂。猶如虛空。又能示現廣大慧光。

譯解) 부처님께서 다시 무변장엄보살마하살(無邊莊嚴菩薩摩訶薩)에게 말씀으로 이르시나니 이러한 다라니(陀羅尼)의 청정(清淨)한 법문(法門)은 일체(一切) 모든 부처님께서 항상(恒常) 생각하여 보호(保護)하고 관대(寬待)하게 받아들여 연설(演說)하시는 바이며 시방삼세(十方三世)에 머무르시는 모든 부처님도 또한 모두 이와 같은 [다라니] 법문(法門)을 마땅히 설(說)하시는 까닭에 모든 보살(菩薩)을 위하여 삼세(三世)에 평등(平等)한 법성(法性)을 열어 보이시는 것 이니라. [다라니] 이것으로 말미암아 삼세(三世)의 모든 법(法)에 여실(如實)하게 깨우쳐 들어가게 하나니 이러한 [다라니] 법문(法門)은 보살(菩薩)이 청정(清淨)함을 성취(成就)하도록 하는 삼세(三世)의 총지혜

(總持慧)인 까닭이니라. 그 모든 보살(菩薩)은 삼세(三世)라는 생각도 없으며 선(善)과 불선(不善)도 둘이 없는 줄을 알아 능(能)히 갖가지의 선근(善根)을 오래도록 길러낼 수 있어서 신어의(身語意) 삼업(三業)이 모두 다 [다라니로서] 청정(淸淨)해져 능(能)히 한량(限量)없는 법문(法門)을 두루 청정(淸淨)하게 할 수 있는 것 이니라. [다라니로서] 청정(淸淨)한 총지혜(總持慧)를 얻는 까닭에 또한 능(能)히 조작(造作)없는 성품(性品)의 청정(淸淨)한 법(法)으로 가르칠 수 있고 다시 능(能)히 일체(一切) 모든 법(法)을 열어 보이어 필경(畢竟)에는 공(空)한 적멸(寂滅)이 오히려 허공(虛空)과 같아 또한 능(能)히 광대(廣大)한 지혜(智慧)의 빛을 드러낼 수 있는 것 이니라.

넷째, 수(隋)나라 삼장(三藏) 사나굴다(闍那崛多)가 한역(漢譯)한 대위덕다라니경(大威德陀羅尼經) 제6권 청정다라니품[大寶積經 第六卷 淸淨陀羅尼品]의 내용(內容) 일부(一部)를 살펴보면 다음과 같다.

原文) 此大神呪。能令衆生出生辯才。若有受持此大神呪。彼於此處最爲殊勝。當令歡喜決定生力爲自爲他。復當得於四處無所缺減。何等爲四。一者口業清淨。二者意念清淨。三者能斷疑網。四者不作盡邊上生善道。復當得四種不缺之處。何等爲四。一者當得持識。二者現得受記。三者於動亂時不生恐怖。四者斷疑不滯。彼復當得四處不缺。何等爲四一語量中。持六十三偈分量。能以此隨順授與如法實作倍量。受持所說法義。所持法義永不忘失 乃至命盡於中二種根。

譯解) 이 대신주(大神呪)는 능(能)히 중생(衆生)으로 하여금 진리(眞理)의 법(法)을 잘 이해(理解)하여 전달(傳達)해주는 재주가 나타나게 되는데 만약 이러한 대신주(大神呪)를 받아 지니는 이가 있다면 그는 이곳에서 가장 뛰어나게 되고 마땅히 환희(歡喜)하게 되어 반드시 능력(能力)이 생기면서 자신을 위하고 남을 위하게 되는 것이다[自利利他]. 다시 네 곳에서는 마땅히 이지러짐이 없게 되는데 어떤 네 가지 부류(部類)인가. 첫 번째는 말에 의한 업(業)이 청정(淸淨)해지고, 두 번째는 생각에 의한 업(業)이 청정(淸淨)해지며,

세 번째는 의혹(疑惑)의 그물을 능(能)히 끊을 수 있게 되며, 네 번째는 끝까지 다하지 않아도 훌륭한 도(道)로서 상품(上品)의 세계(世界)에 나게 되는 것이다. 다시 네 가지가 마땅히 이지러짐이 없는 곳은 어떤 네 가지 부류(部類)인가. 첫 번째는 분명(分明)하게 아는 식견(識見)을 마땅히 지녀 얻게 되고, 두 번째는 현생(現生)에 부처님의 기별(寄別)을 얻게 되며, 세 번째는 동요(動搖)되는 난리(亂離)가 있을 때라도 두려움이 생기지 않으며, 네 번째는 의혹심(疑惑心)이 끊어져 막히지 않게 되는 것이다. 그는 다시 네 곳에서 이지러지지 않음을 마땅히 얻을 것인데 어떤 네 가지 부류(部類)인가. 한 가지 말의 분량(分量) 속에서 육십(六十) 세 가지 글귀의 분량(分量)을 지니게 되고 능(能)히 이렇게 순수(順隨)히 따라 수여(授與)하는 것은 마치 법(法)의 진실(眞實)함이 곱절의 양(量)으로 만들어지는 것과 같다. 설(說)한 올바른 법(法)을 받아 지니는 것은 올바른 법(法)을 영원(永遠)토록 지녀서 잃지 않게 되는 것이니 곧 목숨이 다할 때 까지 두 가지의 선근(善根)이 그 가운데 있게 되는 것이다.

다섯째, 북량천축삼장(北涼天竺三藏) 담무참(曇無讖)이 한역(漢譯)한 대방등대집경(大方等大集經) 보당분(寶幢分) 제9중 다라니품(陀羅尼品) 제6의 내용(內容) 일부(一部)를 살펴보면 다음과 같다.

原文) 過去諸佛。有於如是五滓世界成得佛道。無有不說如是大集金剛法心因緣自在陀羅尼者。爲壞一切諸魔力故。爲三寶種不斷絶故。爲諸衆生增善法故。爲壞一切佛法怨故。爲令衆生遠離苦故。滅身口意諸惡業故。爲令人天性調柔故。爲諸國土受安樂故。爲破世間諸惡相故。爲令衆生悉得具足六波羅蜜故。爲發無上菩提心故。爲敎菩薩善方便故。爲令菩薩次第住故。以如是等諸因緣故。過去諸佛爲如是等五滓衆生。說是大集金剛法心因緣自在陀羅尼也。今此世界十方諸佛悉來集會。唯願諸佛。各說如是陀羅尼呪。爲憐愍故。爲當流布大乘經故。爲此世界法久住故。令諸惡魔不得便故。爾時諸佛即皆同聲。說此陀羅尼句

譯解) 과거(過去) 모든 부처님께서 이와 같은 다섯 종류의 더러운 세계[五滓世界]에 계시면서 불도(佛道)를 얻어 성취(成就)함에 이와 같은 대집금강법심인연자재다라니(大集金剛法心因緣自在陀羅尼)를 설(說)하지 않음이 없었다. 일체(一切) 모든 마군(魔群)의 힘을 무너뜨리기 위한 까닭이며, 삼보(三寶)의 종자(種子)가 끊어지지 않게 하기 위한 까닭이며, 모든 중생(衆生)이 훌륭한 법(法)을 증장(增長)하게하기 위한 까닭이며, 일체(一切) 불법(佛法)의 원적(怨敵)을 무너뜨리기 위한 까닭이며, 중생(衆生)들로 하여금 고통(苦痛)을 멀리 여의게 하기 위한 까닭이며, 신구의(身口意)의 므든 악업(惡業)을 없애는 까닭이며, 사람과 천상(天上)으로 하여금 성품(性品)을 고르고 부드럽게 하기 위한 까닭이며, 모든 국토(國土)의 안락(安樂)을 얻게 하기 위한 까닭이며, 세간(世間)의 모든 악(惡)한 형상(形狀)을 깨뜨리기 위한 까닭이며, 중생(衆生)들로 하여금 육바라밀(六波羅密)을 다 얻어 구족(具足)하게 하기 위한 까닭이며, 위없는 보리심(菩提心)을 일으키게 하기 위한 까닭이며, 보살(菩薩)이 훌륭한 방편(方便)으로 가르치게 하기 위한 까닭이며, 보살(菩薩)로 하여금 차례로 머물게 하기 위한 까닭이니 이와 같은 부류(部類)로 모두 인연(因緣)하는 까닭에 과거(過去) 모든 부처님께서 이와 같은 다섯 종류(種類)의 더러운 세계(世界)의 중생(重生)들을 위해 이러한 대집금강법심인연자재다라니(大集金剛法心因緣自在陀羅尼)를 설(說)하시는 것이다. 지금 이러한 세계(世界) 시방(十方)의 모든 부처님이 집회(集會)에 오시는 것은 오직 모든 부처님께서 원(願)함이 각각(各各)의 이와 같은 다라니주(陀羅尼呪)를 설(說)하는 것으로 가엾게 여기는 까닭이 있으니 마땅히 대승경(大乘經)을 유포(流布)하여 흐르게 하기 위한 까닭이며, 이러한 세계(世界)에 법(法)이 오래도록 머무르게 하기 위한 까닭이니, 모든 악(惡)한 마군(魔群)으로 하여금 쉽게 [틈타는 기회를] 얻지 못하게 하는 까닭이다. 그때에 모든 부처님께서 곧 함께 같은 소리로 이 다라니구(陀羅尼句)를 설(說)하시었다.

이와 같이 대장경(大藏經)에 여법(如法)한 가르침 말씀으로 소개(紹介)되어있는 위의 몇몇 내용(內容)의 풀이만으로도 다라니신주(陀羅尼神呪)의 위신력(威神力)에 대

(代)하여 간략(簡略)하게나마 살펴볼 수 있었으며 위에 소개(紹介)되어 있는 내용(內容) 이외(以外)에 수많은 경전내용(經典內容) 가운데는 다라니(陀羅尼)에 대(代)해서 언급(言及)해 놓은 것을 곳곳에서 확인(確認)해 볼 수 있었다. 몸으로 원인(原因)한 신업(身業), 말로 원인(原因)한 구업(口業), 생각으로 원인(原因)한 의업(意業)은 우리 스스로 지니고 있으면서 크게 넘쳐나는 탁(濁)한 삼업(三業)이라 해도 과(過)한 표현(表現)이 아닐 것이나 이제 다라니(陀羅尼), 신주(神呪), 진언(眞言), 염불(念佛) 등을 수지독송(受持讀誦)하여 실천(實踐)의 행(行)으로 옮긴다면 그 위신력(威神力)으로 말미암아 탁(濁)한 삼업(三業)은 오히려 청정(淸淨)한 삼업(三業)으로 점차 바뀌어 얻어지는 이익성취공덕(利益成就功德)은 현생(現生)에 사람 몸을 받아가지고 있음에 연유(緣由)하여 수행(修行)하여 깨달을 수 있는 일대사인연(一大事因緣)이라 할 수 있는 것으로 실(實)로 훌륭한 일이 아닐 수 없음을 경전(經典) 곳곳에 무수(無數)히 설(說)해져있는 진실(眞實)한 가르침 말씀을 통(通)해서 거듭 확인(確認)해 볼 수 있었으니 위없는 대각자(大覺者)의 가르침 말씀이야말로 지금부터 생(生)을 다하는 날까지 우리의 심중(心中)에 깊이 새겨 놓는 억념(憶念)의 일은 내면(內面)의 고통(苦痛) 바다를 안락(安樂)의 바다로 스스로 만들어 가는 중대(重大)한 일인 것으로 대장부(大丈夫)가 하는 일 가운데 더없이 큰 일이라 헤아려 보았다. 이제 이 책자(冊子)의 제목(題目)을 삼대밀교다라니(三大密敎陀羅尼)라 역자(譯者)는 이름지어보았으나 밀교(密敎)를 대표(代表)하는 삼대다라니(三大陀羅尼)로서의 의미(意味)는 아니라 할 수 있다. 삼대(三大)라는 의미(意味)를 부여(附與)하게 된 동기(動機)에 대해서 먼저 본문(本文)의 첫 번째에 소개(紹介)되어있는 무량수여래근본다라니(無量數如來根本陀羅尼)의 성취공덕(成就功德)에 대(代)한 그 근거(根據)를 살펴보면 무량수여래관행공양의궤(無量壽如來觀行供養儀軌)안에 설(說)해져 있음을 확인(確認)해 볼 수 있었으니 천축사문(天竺沙門) 불공삼장(不空三藏)이 범본(梵本)을 한역(漢譯)한 것으로 이 의궤(儀軌)의 내용(內容) 일부분(一部分)만 이곳에 옮겨서 풀이해보면 다음과 같음을 알 수 있으니 그 내용(內容)을 잠시(暫時) 살펴보기로 하자.

『무량수여래근본다라니(無量數如來根本陀羅尼)를 일만번(一萬番)을 외워서 채우게 되면 보리심(菩提心)이 쇠퇴(衰退)하거나 잊혀지지 않게 되며 삼매(三昧)를 얻게 되어서는 보리심(菩提心)이 몸 안에 뚜렷하게 나타나게 된다. [몸 안이] 깨끗하고 원만(圓滿)히 밝아짐은 오히려 깨끗한 달과 같아서 목숨을 마치려 할 때에 이르러서는 무량수여래(無量數如來)를 친견(親見)함과 더불어 헤아릴 수 없는 보살대중(菩薩大衆)이 [무량수여래근본다라니를 수지독송한] 행자(行者)로 다가와 맞이해 주위(周圍)를 둘러싸주면 몸과 마음이 편안(便安)해져 곧 극락세계(極樂世界) 상품상생(上品上生)에 나고 보살(菩薩)의 지위(地位)를 증득(證得)하게 된다.』

불공삼장(不空三藏)이 한역(漢譯)한 범본(梵本)의 무량수여래관행공양의궤(無量壽如來觀行供養儀軌)의 일부(一部) 내용중(內容中)에 이렇게 설(說)하고 있슴을 확인(確認)해 볼 수 있었다. 내용(內容)처럼 무량수여래근본다라니(無量數如來根本陀羅尼)를 정성(精誠)스럽게 수지(受持)하여 독송(讀誦)하다보면 스스로의 내면의식(內面意識)에서는 점차적(漸次的)으로 변화(變化)가 일어나 분명(分明)하게 체득(體得)할 수 있을 것임을 역자(譯者) 스스로는 믿어 의심(疑心)하지 않는다. 극락세계(極樂世界)는 각자(各自)마다 그 사람의 성품(性品)과 수행(修行) 근기(根機)에 따라 들어갈 수 있는 지위(地位)가 달라진다고 하였는데 모두 구품(九品)으로 나누어짐을 살펴볼 수 있다. 무량수여래근본다라니(無量數如來根本陀羅尼)를 지성(至誠)으로 암송(暗誦)하여 내면(內面)의 의식변화(意識變化)를 점차적(漸次的)으로 감득(感得)해 보면서 일만번(一萬番)을 채우게 되어 다라니삼매(陀羅尼三昧)를 얻게 된다면 다른 사람이 그 사람의 내면의식(內面意識)에서 일어나고 있는 미묘(微妙)한 변화(變化)까지는 알 수 없는 것이다. 단지 그 사람 스스로만이 비밀(秘密)리에 얻어져 알게 되는 것이기에 극락세계(極樂世界)에서도 가장 높은 지위(地位)에 오른다고 하였으니 삼대비밀(三大秘密)한 가르침 중 하나의 대(大)라는 의미(意味)를 부여(附與)해 보게 되었다.

삼대밀교다라니(三大密教陀羅尼)의 두 번째에 소개(紹介)되어 있는 보협인다라니경(寶篋印陀羅尼經)에 만약 어떤 사람이 보협인다라니신주(寶篋印陀羅尼神呪)를 써서 탑(塔)을 조성(造成)하고 그 속에 안치(安置)하게 되면 일체(一切) 여래(如來)께서는 대자대비(大慈大悲)한 위신력(威神力)으로 보호(保護)하여 지키게 된다고 가르침 하셨으며 또한 보협인다라니신주(寶篋印陀羅尼神呪)와 경전(經典)을 존중(尊重)을 다하여 보호(保護)하고 지녀서 세상(世上)에 유포(流布)하여 절대(絶對) 끊어지지 않게 하라고 금강수보살(金剛手菩薩)에게 부촉(咐囑)하고 계심을 알 수 있었다. 경전(經典)의 일부(一部) 내용(內容)에 대해 살펴보면 다음과 같다.

『금강수보살(金剛手菩薩)이 여쭈었다. “어떠한 인연(因緣)의 도리(道理)로 이 법(法)이 이와 같이 특별(特別)하게 뛰어난 공덕(功德)이 있는 것 이옵니까.” 부처님께서 말씀하시었다. “마땅히 알지니라! 이것은 보협인다라니(寶篋印陀羅尼)의 위신력(威神力)인 도리(道理)이니라” 금강수보살(金剛手菩薩)이 여쭈었다. “오직 원(願)하옵건대 여래(如來)께서는 저희들을 가엾고 불쌍히 여기시어 이 다라니(陀羅尼)를 설(說)해 주시옵소서” 부처님께서 말씀하시었다. “자세히 듣고 사려(思慮)하여 잊지 말라! 현재(現在)와 미래(未來) 일체여래(一切如來)의 분신(分身)인 빛의 법도(法道)와 과거(過去) 모든 부처님의 전신사리(全身舍利)가 모두 보협인다라니(寶篋印陀羅尼)에 있으니 이 모든 여래(如來)의 삼신(三神)인 법신(法身), 보신(報身), 응신(應身)도 또한 이 가운데 있게 되는 것 이니라.” 그때에 세존(世尊)께서 곧 다라니(陀羅尼)를 설(說)하시었다.[다라니신주 및 일부내용 생략] 그때에 부처님께서 금강수보살(金剛手菩薩)에게 말씀하시기를 “지금 이 순간(瞬間)에 비밀(秘密)한 신주(神呪)와 경전(經典)을 너희들에게 맡기고 부탁(付託)하나니 존중(尊重)을 다하여 보호(保護)하고 지녀서 세상(世上)에 유포(流布)하여 흐르도록 할 것인데 중생(衆生)들이 이어받게 하여 절대(絶對) 끊어짐이 없게 하여라.” 금강수보살(金剛手菩薩)이 여쭈었다. “제가 지금 세존(世尊)의 부촉(咐囑)을 받았사오니 오직 저희들이 원(願)하여 세존(世尊)의 심중(深重)한 은덕(恩德)을 갚기 위해 밤낮으로 보호(保護)하여 지니고 모든 세상(世上)에 널리 드러내어 유포(流布)하여 흐를 수 있도록 하겠사옵니다. 만약 어떤 중생(衆生)이 글로 쓰거나, 받아 지니거나, 마음깊이 새겨 잊지 않아서 끊어지지 않게 한다면 저희들이 제석천왕(帝釋天王)과 범천왕(梵天王)과 사천왕(四天王)과 팔부용신(八部龍神)에게 재촉하고 호령(號令)해서 밤낮으로 수호(守護)하도록 하여 잠시(暫時)라도 집착(執着)과 번뇌(煩惱)가 머무를 수 없도록 하겠사옵니다.”』

보협인다라니(寶篋印陀羅尼)에 대한 일부분(一部分)의 경전(經典) 가르침 내용(內容)을 살펴보면 위의 내용(內容)과 같았다. 또한 위에 기술(記述)되어 있는 가르침 내용(內容) 이외(以外)에도 이익성취공덕(利益成就功德)에 대해 다른 내용(內容)을 몇 구절(句節) 다시 살펴보면 사람 손가락 길이 4배(四倍) 정도 높이의 탑(塔)을 조성(造成)하고 그 속에 보협인다라니경(寶篋印陀羅尼經)이나 보협인다라니(寶篋印陀羅尼)를 안치(安置)하여 존중(尊重)을 다하면 일체(一切) 부처님이 호념(護念)하신다는 내용(內容)과 더불어 보협인다라니경(寶篋印陀羅尼經), 다라니신주(陀羅尼神呪)를 수지독송(受持讀誦)하는 사람이 있다면 그 다라니(陀羅尼)의 위신력(威神力)에 의한 이익공덕(利益功德)은 이루 말로 다할 수 없다 하였으니 삼대비밀(三大秘密)한 가르침 중 두 번째의 대(大)라는 의미(意味)를 부여(附與)해 보게 되었다.

대각자(大覺者)의 가르침 말씀에 따르면 복(福)을 지어놓아야 복(福)이 돌아옴과 복(福)이 다 소진(消盡)되어 더 이상의 복(福) 받을 일이 생기지 않음은 복(福)을 스스로 쌓아 놓지 않으면 그 일은 영원(永遠)하지 않음을 헤아려 알 수 있다. 그러나 한번 쌓아놓은 공덕(功德)이야말로 세세생생(世世生生) 영원(永遠)토록 사라지지 않으며 그 공덕(功德)에 원인(原因)한 결과(結果)로서 현생(現生)에서는 그 이익(利益)이 따르고 몸이 다하여 죽음을 마친 이후(以後)에는 더없이 수승(殊勝)한 새로운 세계(世界)가 펼쳐지게 되어 그 이후(以後)에도 점차(漸次) 공덕(功德)을 증장(增長)시켜 가면 갈수록 더욱 수승(殊勝)한 차원(次元)의 우주법계(宇宙法界)와 소통(疏通)됨을 유추(類推)하여 헤아려 알 수 있었으니 이것은 우주법계(宇宙法界)가 스스로 운행(運行)되는 근본운행원리(根本運行原理)이면서 같은 동기(同氣), 동대(同帶)의 주파수파장(周波數波長)끼리는 한 치의 오차(誤差)없이 반드시 소통(疏通)되는 지극(至極)히 당연(當然)한 우주운행원리(宇宙運行原理)라 역자(譯者)의 변명(辨明)으로나마 헤아려 볼 뿐이다. 이제 보협인다라니경(寶篋印陀羅尼經)의 더 상세(詳細)하고 구체적(具體的)인 가르침은 본서(本書)에 소개(紹介)되어 있는 경전(經典)의 내용(內容)으로 더욱 깊이 있게 살펴볼 수 있을 것으로 사려(思慮)해보며 참고적(參考的)으로 우리나라는 과거(過去) 오래전의 불상(佛像)이나 오래된 탑(塔)이 전(傳)해오면서 그 속에 안치(安置)되어있던 보협인다라니경전(寶篋印陀羅尼經典)과 신주(神呪)가 현재(現在) 일부(一部) 발견(發見)되어 문화적유물(文化的遺物)로서의 가치(價値)로는 인정(認定) 받고 있었으나 아직까지는 보협인다라니경전(寶篋印陀羅尼經典)의 내용(內容)과 그 위신력(威神力)에 대해 일부(一部)만 알려지고 그다지 많이 알려지지 않은 상태(狀態)라 할 수 있다. 그러나 대만(臺灣), 중국(中國), 여타(餘他)의 나라 등등에서는 이 보협인다라니경전(寶篋印陀羅尼經典)과 신주(神呪)가 또한 크게 성행(盛行)하고 있으면서 민중(民衆)속에 깊게 자리 잡고 있는 것도 확인(確認)해 볼 수 있었다.

삼대밀교다라니(三大密敎陀羅尼)의 세 번째에 소개되어 있는 천수천안관세음보살광대원만무애대비심다라니경(千手千眼觀世音菩薩廣大圓滿無碍大悲心陀羅尼經)의 일부(一部) 내용(內容)을 살펴보면 먼저 관세음보살(觀世音菩薩)께서 석가모니(釋迦牟尼) 부처님께 말씀 올리는 내용(內容)과 다시 관세음보살(觀世音菩薩)이 범천왕(梵天王)에게 고(誥)하는 내용(內容)을 살펴보면 다음과 같다.

<관세음보살께서 석가모니(釋迦牟尼) 부처님께 올리는 말씀>

『세존(世尊)이시여! 만약 모든 사람과 천상(天上)이 대비주(大悲呪)를 지녀 외운다면 목숨을 마치려 할 때에 시방(十方) 모든 부처님께서 모두 오셔서 손을 내밀어 줄 것인데 어떤 부류(部類)의 불국토(佛國土)에 태어나고자하면 원(願)에 따라 모두 왕생(往生)을 얻게 될 것이옵니다.』

<관세음보살께서 범천왕(梵天王)에게 고(誥)하는 말씀>

『만약 이 다라니(陀羅尼)의 이름 글자를 듣게 되는 자(者)라면 오히려 헤아릴 수 없는 겁(劫)의 생사중죄(生死重罪)가 소멸(消滅)될 것인데 어찌 하물며 외우고 지니는 자(者) 이겠느냐. 만약 이 신주(神呪)를 얻어 외우는 자(者)는 마땅히 알라! 그 사람은 일찍이 셀 수 없는 모든 부처님께 공양(供養)을 올렸으며 널리 선근종자(善根種子)를 심었느니라. 만약 모든 중생(衆生)들의 그 고난(苦難)을 뽑아내기 위해 법(法)답게 외우고 지닐 수 있는 자(者)는 마땅히 알라! 그 사람은 대비심(大悲心)을 갖춘 자(者)라서 오래지 않아 부처[佛]를 이루게 될 것 이니라. 중생(衆生)들이 이 사람을 본 바라면 모두 다 외우고 그 신주(神呪)를 귀로 들어서는 더불어 깨달을 인자(因子)를 만들게 될 것이니 이 사람의 공덕(功德)은 가(可)히 헤아릴 수 없고 끝이 없이 찬탄(讚嘆)한다 해도 다 할 수 없는 것 이니라. 이 다라니(陀羅尼)를 외워 지닌 자(者)는 마땅히 알라! 그는 곧 부처[佛]의 몸을 감춘 사람이니 99억 항하사(恒河沙)의 모든 부처님[佛]이 사랑하고 아껴주시는 까닭이 있느니라.』

이와 같이 천수천안관세음보살광대원만무애대비심다라니경(千手千眼觀世音菩薩廣大圓滿無碍大悲心陀羅尼經)에 대한 경전(經典) 가르침 내용(內容)에서도 다라니신주(陀羅尼神呪)를 수지독송(受持讀誦)한다면 다라니(陀羅尼)의 위신력(威神力)에 따른 이익공덕(利益功德)이 막대(莫大)하다는 것을 이해(理解)해 볼 수 있었다. 천수대비주(千手大悲呪)는 관세음보살(觀世音菩薩)께서 설(說)하여 우리나라는 물론(勿論)이거니와 여타(餘他) 나라에서도 이미 많이 읽혀지며 암송(暗誦)되고 있는 다라니신주(陀羅尼神呪) 가운데 하나로서 대표격(代表格)이라 할 수 있어서 삼대비밀(三大秘密)한 가르침 중 세 번째의 대(大)라는 의미(意味)를 부여(附與)해 보게 되었다.

이제 역자(譯者)는 삼대밀교다라니(三大密敎陀羅尼)에 대한 범서(梵書)에 대해서도 경전(經典)의 내용(內容)과 몇몇 관련자료(關聯資料)를 비교참조(比較參照)해 보면서 당(唐)의 지광(智廣)이 찬술(撰述)한 실담자기(悉曇字記)를 숙지(熟知)해 범자(梵字)의 서법(書法) 결합체계(結合體系)를 짧게나마 연구(硏究)해 보기에 이르렀으니 이에 관련(關聯)하여 범자(梵字)를 제작(製作)해 본서(本書)에 실어 놓게 되었다. 또한 범자(梵字)에 따른 발음(發音)도 되도록 원음(原音)에 가깝도록 구사해 보려고 노력(努力)해 보았으나 아직 실담자기(悉曇字記)에 기초(基礎)한 범어발음(梵語發音)도 부족(不足)한 부분이 적지 않음을 스스로는 부인(否認)할 수 없거니와 본서(本書)에 소개(紹介)되어있는 삼대밀교다라니경(三大密敎陀羅尼經)을 역해(譯解)함에 있어서도 역자(譯者)의 식견(識見)이 많이 부족(不足)한 것 또한 사실(事實)이다. 하지만 그 부족(不足)함을 이유(理由)로 스스로는 더욱 매진(邁進)할 수 있는 또 다른 디딤돌의 기회(機會)로 삼기로 해보았으니 이미 범서(梵書)에 해박(該博)하여 능통(能通)하거나 앞으로 범서(梵書)를 더욱 연구노력(硏究努力)하는 총명지혜인(聰明智慧人)이 많이 배출(輩出)되어서 역자(譯者)의 치졸(稚拙)한 범서연구(梵書硏究)를 책망(責望)하고 많은 조언(助言)과 충고(忠告)도 아끼지 않기를 바랄 뿐 이며 아울러 이 책자(冊子)의 출간(出刊)에 기인(基因)하여 완벽(完璧)한 깨달음을 성취(成就)한 대각자(大覺者)께 스스로는 공경(恭敬)의 예(禮)를 갖추어 보고자 책자(冊子)의 가장 앞쪽에 부처님 당시(當時)의 가르침 언어(言語)라 할 수 있는 "빠알리어 삼귀의(三歸依) 예경문(禮敬文)"을 실어 놓게 된 동기(動機)가 있었다. 또한 대각자(大覺者)의 자비방편(慈悲方便) 가르침 말씀은 전혀 어긋남이 없어 낱낱이 드러내 보여도 한 티끌 미혹(迷惑)될 것이 없으나 이에 비추어 내세울 바 없는 역자(譯者)의 편협(偏

狹)한 글에서 사견(邪見)이 붙었다면 그것은 스스로의 큰 과오(過誤)임을 통감(痛感)하고 대각자(大覺者)께서 완벽(完璧)히 성취(成就)한 일체만유(一切萬有)에 오롯한 진리법(眞理法)을 유통(流通)하는 역할(役割)만이라도 부끄럽지 않게 해 보고자하나 혹(或) 그 유통(流通)함에 작은 공(功)이라도 있다면 이 또한 일체법계(一切法界)와 일체대중(一切大衆)에게 모두 회향(回向)될 수 있기를 서원(誓願)해 본다. 이제 이 본서(本書)를 펴냄에 있어서 그동안 번역(飜譯)과 물심양면(物心兩面)으로 도움을 아끼지 않았던 지안거사(芝岸居士) 법우(法友)와 상원문화사(祥元文化社) 문해성 대표(代表)에게도 이 지면(紙面)을 빌려 심심(甚深)한 감사(感謝)의 마음을 전(傳)하고자하며 이것으로서 들어가는 글의 내용(內容)으로 삼고자 한다.

갑오년(甲午年) 추절(秋節) 보덕(普德) 삼가 헤아려 씀

출판에 부쳐

歸依(귀의) 三寶(삼보) 하옵나이다. 一切(일체)의 十方(시방) 諸佛(제불) 菩薩(보살)님께서 恒周眞心(항주진심) 常住說法(상주설법)하고 계심으로 宇宙法界(우주법계)의 造化(조화)로움과 天地父母(천지부모)의 恩惠(은혜)로움에 涕淚悲泣(체루비읍)의 心情(심정)을 誥(고)합니다.

佛門(불문)은 慈悲門(자비문)이자 玄門(현문)이라 無明(무명) 業障(업장)의 生死輪廻(생사윤회)를 永斷(영단)하지 않고서야 어찌 便安(편안)함이 있으리요. 生老病死(생로병사)와 富貴貧賤(부귀빈천) 그리고 興亡盛衰(흥망성쇠)와 吉凶禍福(길흉화복)의 分別妄執(분별망집)으로 펼쳐진 幻影世界(환영세계)의 世間法(세간법)으로는 삶의 問題(문제)를 解決(해결)할 수 없음이라.

오직 無明(무명) 生死變易(생사변역)을 出離(출리)하여 出世間(출세간)의 佛法(불법)으로써만이 輪廻(윤회)를 永斷(영단)할 수 있음이라. 이에 부처님께서는 大法(대법)을 弘布(홍포)하시어 두 가지 智慧(지혜)의 圓明(원명)함을 밝히셨으니

첫 번째로는 苦(고)의 原因(원인)과 執着(집착)을 說(설)하시어 본 性品(성품)을 밝히심이요.

두 번째로는 苦(고)의 滅(멸)과 밝은 道(도)를 提示(제시)하여 煩惱(번뇌)를 벗어나 成佛(성불)하게 하는 일일 것입니다.

般若波羅密(반야바라밀)은 貪(탐), 嗔(진), 痴(치)를 여의는 것이고 成佛(성불)이라는 것은 멀리 있는 것이 아니고 각자의 마음속에 있음이니 금번 三大密敎陀羅尼(삼대밀교다라니)를 펴게 됨은 菩提(보리) 慈悲(자비) 方便法(방편법)의 要諦(요체)라 至極(지극)히 차분하고 安定(안정)된 고요한 마음 빛을 見至(견지)함에 自性佛(자성불)을 親見(친견)하여 聖人(성인)의 班列(반열)에 契合(계합)함을 얻을 수 있을 것입니다.

그 功德力(공덕력)으로 身病(신병)과 心病(심병)을 除去(제거)하고 財貧(재빈)과 法貧(법빈)을 脫皮(탈피)하여 두 智慧(지혜)를 圓明(원명)케 함이며 至誠至善(지성지선)의 所願(소원)을 充足(충족)할 것이며 卽身成佛(즉신성불)을 成就(성취)하는 要緊(요긴)한 門(문)인지라 거듭 거듭 勸(권)함이 可(가)할 것입니다.

각 個人(개인)이 가지는 性情(성정)의 多樣性(다양성)을 認定(인정)한다 할지라도 修行(수행)의 妙法(묘법)은 千差萬別(천차만별)일 것이나 結局(결국)은 無有差別(무유차별)일 것인지라 오직 全心全力(전심전력)한 一念(일념)만이 佛菩薩(불보살)의 大灌頂(대관정) 法王子(법왕자)가 되는 加被(가피)를 입게 될 것입니다.

숫타니파타경에 이르시기를,

"이 세상에서 견해나 학문이나 생각 그리고 계율과 서약을 버리고 그 밖의 갖가지 것을 다 버리고 애착을 분명히 버리고 통찰해 마음에 때 묻지 않은 자를 번뇌의 강을 벗어난 자라하며 그는 아무 바람도 없는 자다. 성자는 이러한 자임을 알라. 그는 아무것도 갖지 않고 욕망으로 생존에 집착하지 않는다." "마음의 안정을 얻는 참된 이치를 믿고 꾸준히 노력한다면 그 가르침을 받들려는 열망으로 지혜를 완성한다."

또 묘법연화경에 이르시기를,

"항상 원하고 우러러 생각하여라. 때 없이 맑고 깨끗한 빛이여 어둠을 없애는 지혜의 태양이여 바람과 불의 재앙을 굴복시키고 온 누리 두루 비추어 대비의 몸과 계율의 우레와 자애의 구름으로서 감로의 법비를 뿌려 번뇌의 불꽃을 꺼서 없애시니 언제나 생각하고 염불하여라. 마땅히 예경하고 존중하여라."

이 더없는 道理(도리)를 밝히심은 三乘(삼승)을 一佛乘(일불승)으로 說(설)하신 一切(일체) 諸佛(제불)의 懇切(간절)함의 큰 法雨(법우)인지라. 念佛(염불)은 生死苦海

(생사고해)를 벗어나는 要緊(요긴)한 門(문)이요. 眞言(진언)은 菩提(보리) 즉 自心(자심)을 찾는 지름길이고, 陀羅尼(다라니)는 最上(최상)의 方便門(방편문)일지라. 念佛(염불), 眞言(진언), 陀羅尼(다라니)의 威神力(위신력)에 대해서는 歷史的(역사적) 査料(사료)들로 證明(증명) 發展(발전) 補完(보완)된 여러 스승들의 誓願(서원)과 勞力(노력)으로 世上(세상)에 드러남이 있었고 또한 여러 諸方(제방)의 佛敎學者(불교학자)들의 論考(논고)로서 밝힌 바인지라. 다시 再論(재론)할 必要(필요)는 없을 터이나 多年間(다년간)의 呪力修行(주력수행)을 비추어 놓고 볼 때 佛菩薩(불보살)의 慈悲光明(자비광명)한 妙用(묘용)의 加被(가피)는 言說(언설)로 表現(표현)함이 不可(불가)할 것입니다.

身口意(신구의) 三業(삼업)을 淨化(정화)함이 戒定慧(계정혜) 三學(삼학)의 다른 이름일 것이며 呪力(주력)을 通(통)하여 集中力(집중력)과 三昧力(삼매력)을 얻어 三世(삼세)의 無明業障(무명업장)과 無明業識(무명업식)을 消滅(소멸)하는 妙法(묘법)일 것입니다. 또한 三昧(삼매)가 現前(현전)하므로 해서 阿耨多羅三藐三菩提(아뇩다라삼먁삼보리)를 證得(증득)할 수 있습이니 諸法實相(제법실상)의 眞理(진리)를 通(통)해 永遠(영원)한 智慧(지혜)와 人格(인격)을 完成(완성)하는 礎石(초석)을 놓게 될 것입니다.

이 三大密敎陀羅尼(삼대밀교다라니)의 因緣功德(인연공덕)으로 一切衆生(일체중생) 모두가 究竟圓成薩般若摩訶般若波羅密(구경원성살반야마하반야바라밀)이 世世生生(세세생생) 自在(자재)하여 지기를 바래보면서 이 三大密敎陀羅尼經(삼대밀교다라니)를 發刊(발간)함에 애쓰신 普德居士(보덕거사)의 커다란 原力(원력)의 勞苦(노고)에 敬意(경의)를 表(표)하며 佛菩薩(불보살)의 大恩(대은)과 饒益衆生(요익중생)의 한마음으로 法界(법계)에 回向(회향)함을 또한 스스로 感祝(감축)하고자 합니다.

"마음이 곧 부처라. 無量劫(무량겁)에 生死苦樂(생사고락)을 같이 하였으되 서로가 서로를 알지 못하더니 한가로이 고요한 때 모습을 드러내니 白光(백광)이 顯顯(현현)하고 金色光明(금색광명) 燦爛(찬란)하네. 頭頂山(두정산) 꼭대기 연꽃위에 化生(화생)하여 빛 화살을 쏘아대니 華藏世界(화장세계) 만달라꽃 활짝이도 피었구나. 無(무)에서 좇아 나와 빛으로 돌아가네."

三大陀羅尼(삼대다라니)를 通(통)하여 많은 諸方(제방)의 修行者(수행자)와 信心(신심)있는 佛子(불자) 여러분들의 健鬪(건투)를 祈願(기원) 仰祝(앙축)하여 봅니다.

아! 金剛(금강)이여 金剛(금강)이여! 永遠(영원)히 燦爛(찬란)하게 빛나소서 一切(일체)의 두려움과 障碍(장애)를 쳐부수고 一切(일체)의 智慧(지혜)를 成就(성취)하여 一切(일체)의 衆生(중생) 離苦得樂(이고득락)하여 지이다.

名相寺(명상사) 芝岸(지안) 노 태훈 合掌(합장)

차례

無量壽如來根本陀羅尼
무량수여래근본다라니

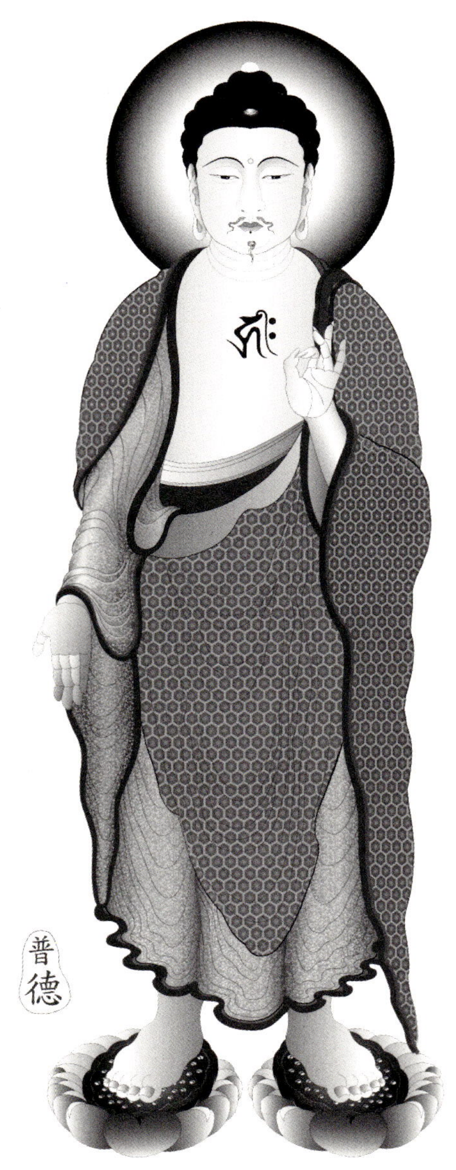

1)

無量壽如來根本陀羅尼

무량수여래근본다라니

(무량수여래근본다라니의출처)

無量壽如來觀行供養儀軌

무량수여래관행공양의궤

大廣智大興善寺三藏沙門不空奉詔譯

대광지대흥선사삼장사문불공봉소역

原文)--

爾時金剛手菩薩 在毘盧遮那佛大集會中 從座而起

이시금강수보살 재비로차나불대집회중 종좌이기

合掌恭敬 白佛言 世尊 我為當來末法雜染世界惡業

합장공경 백불언 세존 아위당래말법잡염세계악업

衆生 說無量壽佛陀羅尼 修三密門證念佛三昧得生

중생 설무량수불다라니 수삼밀문증염불삼매득생

淨土入菩薩正位 不以少福無慧方便得生彼刹 是故
정토입보살정위 불이소복무혜방편득생피찰 시고
依此教法正念修行 決定生於極樂世界上品上生 獲得
의차교법정념수행 결정생어극락세계상품상생 획득
初地
초지

譯解) 어느 때에 금강수보살(金剛手菩薩)이 비로자나불(毘盧遮那佛) 대집회중(大集會中)에 계시었다. 자리에서 일어나 합장공경(合掌恭敬)하면서 부처님께 말씀으로 아뢰기를 세존(世尊)이시여! 제가 마땅히 다가 올 세상(世上)인 말법(末法)의 잡(雜)되고 오염(汚染)된 세계(世界)의 악(惡)한 업(業)을 지은 중생(衆生)들을 위하여 무량수(無量數) 부처님의 다라니(陀羅尼)를 설(說)해서 삼밀가지(三密加持)의 문(門)을 닦아 염불삼매(念佛三昧)를 증득(證得)하게 되면 극락정토(極樂淨土)에 변화(變化)로서 나게 되어 보살(菩薩)의 바른 지위(地位)에 들게 될 것인데 복(福)이 작거나 지혜(智慧)가 없지 않다면 방편(方便)으로 그곳에 찰나지간(刹那之間)에 변화(變化)하여 나게 될 것 이옵니다. 이러한 까닭에 이 법(法)의 가르침인 정념수행(正念修行)에 의지(依支)하면 결정코 극락세계(極樂世界) 상품상생(上品上生)에 나게 되어 초지(初地)의 지위(地位)를 얻게 될 것 이옵니다.[중간생략]

(첨부설명)------------------------------------

위의 내용(內容) 이후(以後)에도 금강수보살(金剛手菩薩)은 다라니(陀羅尼)를 지송(持誦)하여 진리법(眞理法)을 구(求)해 극락정토(極樂淨土)에 나고자 하는 중생(衆生)들을 위해서 여러 종류(種類)의 다라니(陀羅尼)를 설(說)하시게 된다. 구체적(具體的)으로 재단(齋壇)을 설치(設置)하는 방법(方法)을 제시(提示)하였으며, 재단(齋壇)위에 올려놓을 법기(法器)의 종류(種類)를 제시(提示)하였고, 수행자(修行者)들은 의복(衣服)과 몸을 깨끗이 하여 공양물(供養物)을 올릴 때에도 엄중(嚴重)한 마음가짐을 가질 수 있도록 가르침하며 권고(勸告)하시고 계신다. 또 다라니(陀羅尼) 수행자(修行者)는 암송(暗誦)하는 다라니(陀羅尼)의 종류(種類)에 따라 몸의 일부인 손으로는 수인(手印)을 결행(結行)하는 신밀(身密)과 입으로는 암송(暗誦)하여 행(行)하는 구밀(口密)과 생각으로는 좋은 경계(境界)를 의도적(意圖的)으로 의식화(意識化)하는 의밀(意密)을 지니게 함으로서 삼밀가지(三密加持) 수행법(修行法)을 설(說)하시게 된 동기(動機)를 밝히시고 계신다. 이제 재가자(在家者)나 출가자(出家者)가 다라니(陀羅尼)를 수지독송(受持讀誦)[받아 지녀서 읽거나 외우거나]하면서 정성(精誠)을 들이는 일들은 불보살(佛菩薩)께서 법(法)답게 가르침하시는 진실(眞實)함 그 자체(自體)로 그 공덕(功德)은 이루 헤아릴 수 없는 것이고 그러므로 쌓여지는 공덕(功德)은 스스로가 생사(生死)를 달리한다 할지라도 결코 사라지지 않는 것이 되어 다라니(陀羅尼)를 행(行)하는 당사자(當事者)의 근기(根機)와 정성여하(精誠如何)에 따라 극락정토(極樂淨土)도 또한 여러가지로 차등(差等)되어 나타날 수 있는 것이라 이해(理解)해 볼 수 있다. 무량수여래관행공양의궤(無量壽如來觀行供養儀軌)의 제목(題目)처럼 무량수여래(無量壽如來)에 대한 관법(觀法)과 행법(行法)과 공양법(供養法)등을 갖추는 의식궤범(儀飾軌範)을 금강수보살(金剛手菩薩)은 상세(詳細)하게 설(說)하여 가면서 권고(勸告)하고 있슴을 경전(經典)가르침의 내용(內容)을 살펴보아 이해(理解)해 볼 수 있었는데 의식궤범(儀飾軌範)에 대한 구체적(具體的)인 가르침 등은 더 깊이 연구(硏究)하여 밝혀나갈 연구식자(研究識者)의 몫으로 남겨 두기로 하고 더 나아가 의식궤범(儀範軌範)에 의거(依據)하여 더 깊은 수행(修行)을 하고자하는 대중(大衆)들의 결행의지(決行意志)에 따른 포부(抱負)로 또한 남겨두기로 하자.

이제 금강수보살(金剛手菩薩)께서 암송(暗誦)하게 될 무량수여래근본다라니(無量壽如來根本陀羅尼)를 범어발음(梵語發音)의 원음(原音)으로 들어보고 이 다라니(陀羅尼)를 수지독송(受持讀誦)하게 되는 대중(大衆)들이 있다면 결정코 얻게 되는 성취공덕(成就功德)에 대해서도 이해(理解)해 보기로 하며 불공삼장(不空三藏)에 의해 아래의 한자음사(漢字音寫)된 무량수여래근본다라니(無量壽如來根本陀羅尼)는 본래(本來) 범어(梵語)의 발음(發音)을 한자(漢字)로 음사(音寫)한 것이므로 역자(譯者)는 범어서체(梵語書體)와 결합법(結合法) 그리고 범어발음(梵語發音)의 바탕인 당(唐)의 지광(智廣)이 찬술(撰述)한 실담자기(悉曇字記)를 간략(簡略)하게나마 살펴 연구(研究)해 봄으로서 다시 본래(本來) 범어(梵語)의 발음(發音)으로 되돌아가 다라니(陀羅尼)의 그 원음(原音)을 찾고자 하는데 촛점을 맞추게 되었으나 이미 우리식의 발음(發音)으로 암송(暗誦)하고 있었다면 이 지면(紙面)을 빌러 넓은 이해(理解)와 양해(諒解)를 구(求)하고자 한다. 이제 금강수보살(金剛手菩薩)이 낭랑한 목소리로 암송(暗誦)하여 우주법계(宇宙法界)에 울려 펴지는 심오(深奧)한 파장(波長)이며 아미타(阿彌陀) 부처님의 공능(功能)과 위신력(威神力)이 고스란히 담겨있는 무량수여래근본다라니(無量壽如來根本陀羅尼)를 범어원음(梵語原音)으로 들어보기로 하자.

原文)---

無量壽如來根本陀羅尼曰

무량수여래근본다라니왈

譯解) 무량수여래근본다라니를 말하오면,

(첨부설명)---
무량수여래근본다라니(無量壽如來根本陀羅尼)의 서부항목비교(細部項目比較)에 들어가기에 앞서 잠시 부연설명(敷衍說明)을 하면,

* 가장 처음은 범자표기(梵字表記)에 해당한다.
1)번 항목(項目)은 대정신수대장경(大正新隋大藏經)에 실려있는 중국식발음(中國式發音)의 한자표기(漢字表記)에 해당한다.
2)번 항목(項目)은 범자(梵字)에 따른 로마나이즈로서 세계 공통(世界共通)의 발음표기(發音表記)에 해당한다.
3)번 항목(項目)은 로마나이즈에 따른 범어원음(梵語原音)을 우리 한글로 표기(表記)한 것에 해당하며 청색(靑色)의 굵은 글씨를 읽거나 암송(暗誦)하면 로마나이즈에 따른 범어원음(梵語原音)의 발음(發音)에 최대한 가깝게 구사할 수 있을 것으로 사려(思慮)해 본다.
(*별도첨부내용: 두 번째 구절 "(阿)弭跢婆耶 (아)미따바야"와 세 번째 구절 "(阿)囉賀帝 (아)르하떼"는 괄호안의 문자 아자는 불공삼장(不空三藏)이 한역(漢譯)한 경전(經典)에는 기입(記入)되어 있지 않았으나 통상적(通常的)인 발음(發音)으로 많이 사용(使用)되고 있어서 아자를 삽입(揷入)해 보게 되었다.)

無量壽如來根本陀羅尼-----------------------------
무량수여래근본다라니

不空奉詔譯
불공봉소역

1)曩謨 囉怛曩 怛囉夜耶(一)

2)Namo ratna trayāya

3)나모 라뜨나 뜨라야야

---

1)曩莫 阿哩野 (阿)弭跢婆耶(二)

2)Namah: ārya (a)mitabhaya

3)나막 아리야 (아)미따바야

---

1)怛他櫱跢夜 (阿)囉賀帝 三藐三沒馱耶(三)

2)Tathāgatāyā (a)rhāte samyaksam.buddhāya

3)따타가따야 (아)르하떼 삼먁삼붇다야

---

1)怛你也他(四)

2)Tadyathā

3)따드야타

---

1)唵 阿蜜[口+栗]帝(五)

2)Om. amr.ite

3)옴 아므리떼

---

1)阿蜜[口+栗]妒 納婆吠(六)

2)Amr.ito dbhave

3)아므리또 드바웨

---

1)阿蜜[口+栗]多 三婆吠(七)

2)Amr.ita sam.bhave

3)아므리따 삼바웨

---

1)阿蜜[口+栗]多 櫱陛(八)

2)Amr.ita garbhe

3)아므리따 가르베

𑖀𑖦𑖴𑖝𑖭𑖰𑖟𑖿𑖠𑖸

1)阿蜜[口+栗]多 悉第(九)

2)Amr.ita siddhe

3)아므리따 싣데

𑖀𑖦𑖴𑖝𑖝𑖸𑖕𑖸

1)阿蜜[口+栗]多 帝際(十)

2)Amr.ita teje

3)아므리따 떼제

𑖀𑖦𑖴𑖝𑖪𑖰𑖎𑖿𑖨𑖡𑖿𑖝𑖸

1)阿蜜[口+栗]多 尾訖磷帝(十一)

2)Amr.ita vikrante

3)아므리따 위끄란떼

𑖀𑖦𑖴𑖝𑖪𑖰𑖎𑖿𑖨𑖡𑖿𑖝𑖐𑖯𑖦𑖰𑖡𑖸

1)阿蜜[口+栗]多 尾訖磷多 [言+我]弭寧(十二)

2)Amr.ita vikranta gāmine

3)아므리따 위끄란따 가미네

---

1)阿蜜[口+栗]多 [言+我][言+我]曩 吉底迦[口+隸](十三)

2)Amr.ita gagana kirtikare

3)아므리따 가가나 끼르띠까레

---

1)阿蜜[口+栗]多 嫩努批 娑[口+縛][口+隸](十四)

2)Amr.ita dundubhi svare

3)아므리따 둔두비 스와레

---

1)薩縛囉他 娑馱寧(十五)

2)Sarvārtha sādhane

3)사르와르타 사다네

---

1)薩縛 羯磨 訖禮捨 乞灑孕 迦隸 娑縛賀(十六)

2)Sarvā karma kle`sa ks.ayam. kare svāhā

3)사르와 까르마 끌레샤 끄싸얌 까레 스와하

原文)---

此無量壽如來陀羅尼 纔誦一遍 即滅身中十惡四重
차무량수여래다라니 재송일편 즉멸신중십악사중
五無間罪 一切業障悉皆消滅 若苾芻苾芻尼犯根本
오무간죄 일체업장실개소멸 약필추필추니범근본
罪 誦七遍已 即時還得戒品清淨 誦滿一萬遍 獲得
죄 송칠편이 즉시환득계품청정 송만일만편 획득
不廢忘菩提心三摩地 菩提心顯現身中 皎潔圓明猶
불패망보리심삼마지 보리심현재신중 교결원명유
如淨月 臨命終時 見無量壽如來 與無量俱胝菩薩
여정월 임명종시 견무량수여래 여무량구지보살
衆 圍遶來迎行者 安慰身心即生極樂世界上品上生
중 위요래영행자 안위신심즉생극락세계상품상생
證菩薩位
증보살위

譯解) 이 무량수여래다라니(無量壽如來陀羅尼)를 겨우 한 번만이라도 외우게 되면 곧 몸안의 십악사중오무간죄(十惡四重五無間罪)가 사라져 일체업장(一切業障)이 모두 다 소멸(消滅)되옵니다. 만약 비구(比丘), 비구니(比丘尼)가 [계율(戒律)을 지키지 않아] 근본적(根本的)인 죄(罪)를 범(犯)했더라도 일곱번을 외워 마쳤다면 즉시(卽時)에 다시 계품(戒品)이 청정(清淨)해지며 일만번(一萬番)을 외워서 채우게 되면 보리심(菩提心)이 쇠퇴(衰退)하거나 잊혀지지않아 삼매(三昧)를 얻게 되고 보리심(菩提心)이 몸안에서 뚜렷히 나타나면 교결(皎潔)한 밝음이 원만(圓滿)하여 가히 마음이 깨끗한 달과 같이 되옵니다. 목숨을 마치려 할 때에 다다라서는 무량수여래(無量壽如來)를 친견(親見)하고 더불어 헤아릴 수 없는 보살대중(菩薩大衆)이 와서 주위(周圍)를 둘러싸 수행자(修行者)를 맞이하므로 몸과 마음이 편안(便安)하게 되어져서 곧 극락세계(極樂世界) 상품상생(上品上生)에 나게되어 보살지위(菩薩地位)를 증득(證得)하게 되옵니다.

(첨부설명)-----------------------------------

위에 설명(說明)된 내용(內容) 이외(以外)에는 무량수여래근본다라니(無量壽如來陀羅尼)에 대한 경전(經典)은 따로 존재(存在)하지 않는다. 다만 무량수여래관행공양의궤(無量壽如來觀行供養儀軌)안에 공양(供養)하는 의식(儀式)과 함께 다라니(陀羅尼)의 성취공덕(成就功德)과 핵심사항(核心事項)적인 부분(部分)만 간략(簡略)하게 설(說)해져 있슴을 살펴보게 되었다.

(별도첨부내용)--

1.무량수여래근본다라니 범어원음[로마나이즈표기]---불공역본(不空譯本)

Namo ratna trayāya(1)
Namah: ārya (a)mitabhaya(2)
Tathāgatāyā (a)rhāte samyaksam.buddhāya(3)
Tadyathā(4)
Om. amr.ite(5)
Amr.ito dbhave(6)
Amr.ita sam.bhave(7)
Amr.ita garbhe(8)
Amr.ita siddhe(9)
Amr.ita teje(10)
Amr.ita vikrante(11)
Amr.ita vikranta gāmine(12)
Amr.ita gagana kirtikare(13)
Amr.ita dundubhi svare(14)
Sarvārtha sādhane(15)
Sarvā karma kle`sa ks.ayam. kare svāhā(16)

(별도첨부내용)--

2.무량수여래근본다라니 범어원음[한글표기]---불공역본(不空譯本)

나모 라뜨나 뜨라야야(1)
나막 아리야 (아)미따바야(2)
따타가따야 (아)르하떼
삼먁삼붇다야(3)
따드야타(4)
옴 아므리떼(5)
아므리또 드바웨(6)
아므리따 삼바웨(7)
아므리따 가르베(8)
아므리따 싣데(9)
아므리따 떼제(10)
아므리따 위끄란떼(11)
아므리따 위끄란따 가미네(12)
아므리따 가가나 끼르띠까레(13)
아므리따 둔두비 스와레(14)
사르와르타 사다네(15)
사르와 까르마 끌레샤 끄싸얌 까레 스와하(16)

寶篋印陀羅尼

보협인다라니

2)

寶篋印陀羅尼

보협인다라니

(보협인다라니의 출처경전)

一切如來心祕密全身舍利寶篋印陀羅尼經

일체여래심비밀전신사리보협인다라니경

特進試鴻臚卿大興善寺三藏沙門大廣智不空奉詔譯

특진시홍려경대흥선사삼장사문대광지불공봉소역

原文)--------------------------------------

如是我聞 一時佛在摩伽陀國無垢園中寶光明池 與大

여시아문 일시불재마가다국무구원중보광명지 여대

菩薩及大聲聞天龍藥叉犍闥婆訶蘇羅迦樓羅緊那羅摩

보살급대성문천룡약차건달바하소라가루라긴나라마

睺羅伽人非人等無量百千 前後圍遶

후라가인비인등무량백천 전후위요

譯解) 이와같이 나는 들었다. 한때에 부처님께서 마가다국(摩伽陀國) 티 없이 맑은 동산 가운데 보배스럽고 빛이 밝게 나는 연못에 계시었다. 더불어 대보살(大菩薩)과 대성문(大聲聞), 천(天), 룡(龍), 야차(藥叉), 건달바(犍闥婆),아수라(阿蘇羅), 가루라(迦樓羅), 긴나라(緊那羅), 마후라가(摩睺羅伽), 사람[人], 사람이나 사람의 모습과 닮지 않은 존재[非人]들이 헤아릴 수 없이 많았는데 앞뒤로 에워싸고 있었다.

原文)--

爾時衆中有一大婆羅門名無垢妙光多聞聰慧人所樂見
이시중중유일대바라문명무구묘광다문총혜인소락견
常行十善歸信三寶 善心殷重智慧微細 常恒欲令一切
상행십선귀신삼보 선심은중지혜미세 상항욕령일체
衆生 圓滿善利大富豐饒 時婆羅門無垢妙光從座而起
중생 원만선리대부풍요 시바라문무구묘광종좌이기
往詣佛所遶佛七匝 以衆香華奉獻世尊 無價妙衣瓔珞
왕예불소요불칠잡 이중향화봉헌세존 무가묘의영락
珠鬘持覆佛上 頂禮雙足却住一面作是請言 唯願世尊
주만지부불상 정례쌍족각주일면작시청언 유원세존
與諸大衆 明日晨朝至我宅中受我供養 爾時世尊默然
여제대중 명일신조지아택중수아공양 이시세존묵연

許之
허지

譯解) 그때에 대중(大衆) 가운데 한 사람의 대(大) 바라문(婆羅門)이 있었으니 이름은 무구묘광(無垢妙光)으로 많이 들어 총명(聰明)하고 지혜(智慧)로웠으며 사람들에게는 편안(便安)하게 보였다. 항상(恒常) 십선(十善)을 행(行)하였고 불보(佛寶), 법보(法寶), 승보(僧寶)인 세가지 보배스러움을 믿고 따랐으며 훌륭해서 마음은 심히 엄중(嚴重)하였고 지혜(智慧)도 매우 섬세(纖細)하였으며 항상(恒常) 일체중생(一切衆生)들로 하여금 원만(圓滿)히 좋은 이익(利益)과 큰 부(富)로서 풍요(豊饒)로와 지기를 바랬다. 그때에 바라문(婆羅門)인 무구묘광(無垢妙光)은 자리에서 일어나 부처님 계신 곳으로 다가가 부처님을 에워싸 일곱 바퀴를 돌고나서 많은 향(香)과 꽃으로 받들어 세존(世尊)께 바치고 가치(價値)를 매길 수 없는 묘(妙)한 의복(衣服)과 구슬을 꿴 장식품(裝飾品) 등을 지니고 부처님위에 덮어드리고서는 두발에 멈추어 이마를 땅에 대고 예(禮)를 갖추면서 처음으로 뵙고 말로 청(請)하기를 "오직 세존(世尊)께 원(願)하옵건데 모든 대중(大衆)과 더불어 내일 이른 아침 저희 집에 이르셔서 저의 공양(供養)을 받아 주시옵소서"라고하자 그 때에 세존(世尊)께서는 묵묵(默默)히 허락(許諾)하시었다.

原文)--------------------------------------

時婆羅門知佛受請 遽還所住 即於夜間廣辦餚膳百味
시바라문지불수청 처환소주 즉어야간광판효선백미
飮食 灑掃殿宇張施幡蓋 至明旦已與諸眷屬 持衆香華
음식 쇄소전우장시번개 지명단기여제권속 지중향화
及諸妓樂 至如來所白言時至 願垂降臨
급제기악 지여래소백언시지 원수강림

譯解) 그때에 바라문(婆羅門)은 청(請)한 것을 부처님께서 받아줌을 알고는 분주(奔走)히 거주(居住)하는 곳으로 돌아와 곧 밤 동안에 넓은 곳에 애써서 요리(料理)한 것을 섞어 놓으니 백(百)가지 맛있는 음식(飮食)이었다. [처소(處所)에] 물을 뿌리고, 비로 쓸고, 전당(殿堂)에는 깃발과 일산(日傘)으로 장식(裝飾)을 해놓고서 그는 다음날 아침에 이르러 모든 권속(眷屬)들과 더불어 많은 향(香)과 꽃을 지니고 모든 음악(音樂)을 다루는 사람들과 부처님 처소(處所)에 이르러 그때에 아뢰기를 "원(願)하옵건데 저의 처소(處所)에 강림(降臨)하시어 법(法)을 베풀어 주시옵소서"라고 말씀드렸다.

原文)--------------------------------------

爾時世尊軟語 安慰彼婆羅門無垢妙光 遍告大衆宣言
이시세존연어 안위피바라문무구묘광 편고대중선언

汝等皆應往彼婆羅門家攝受供養 爲欲令彼獲大利故
여등개응왕피바라문가섭수공양 위욕령피획대리고
於時世尊即從座起 纔起座已 從佛身出種種光明 間錯
어시세존즉종좌기 재기좌이 종불신출종종광명 간착
妙色照觸十方 悉皆警覺然後趣道 時婆羅門以恭敬心
묘색조촉시방 실개경각연후촉도 시바라문이공경심
持妙香華 與諸眷屬及天龍八部釋梵四王 先行治道奉
지묘향화 여제권속급천룡팔부석범사왕 선행치도봉
引如來
인여래

譯解) 그때에 세존(世尊)께서는 부드러운 말씀으로 그 바라문(婆羅門) 무구묘광(無垢妙光)에게 위로(慰勞)하며 마음을 편(便)하도록 하게 하면서 두루 대중(大衆)들에게 선언(宣言)하며 이르시기를 "너희들 모두는 응당(應當)히 저 바라문(婆羅門)의 집으로 가서 공양(供養)올린 것을 받아 그들로 하여금 큰 이익(利益)을 얻을 수 있도록 하라" 하시며 그때 세존(世尊)께서는 곧 자리에서 일어나시자 이미 일어난 자리의 바탕에서는 부처님의 몸을 따라 가지각색의 광명(光明)이 나투었고 그 사이로 섞여있는 묘(妙)한 빛은 시방세계(十方世界)로 닿아 비추면서 모두다 정신(精神)을 가다듬게 한 연후(然後)에 길을 재촉하였다. 그때에 바라문(婆羅門)은 지니고 있는 미묘(微妙)한 향(香)과 꽃으로 공경심(恭敬心)을 내었으며 더불어 모든 권속(眷屬)과 천룡팔부신장(天龍八部神將)과 제석천왕(帝釋天王), 범천왕(梵天王), 사천왕(四天王)들은 먼저 길을 다스려 나아가면서 부처님을 받들고 인도(引導)하였다.

原文)---

爾時世尊前路不遠 中至一園名曰豐財 於彼園中有古
이시세존전로불원 중지일원명왈풍재 어피원중유고
朽塔摧壞崩倒荊棘掩庭蔓草封戶 瓦礫埋隱狀若土堆
후탑최괴붕도형극엄정만초봉호 와력매은상약토퇴
爾時世尊逕往塔所 于時塔上放大光明照耀熾盛 於土
이시세존경왕탑소 우시탑상방대광명조요치성 어토
聚中出聲讚言 善哉善哉釋迦牟尼 今日所行極善境界
취중출성찬언 선재선재석가모니 금일소행극선경계
又婆羅門汝於今日獲大善利
우바라문여어금일획대선리

譯解) 그때에 세존(世尊)께서는 길 앞 멀지 않은 한 동산의 가운데 이르니 이름을 말하자면 풍재(豐財)였다. 저 동산 가운데는 오래되어 소멸(消滅)된 탑(塔)이 있었는데 깨뜨려 무너지고 훼손(毁損)된 채로 뒤집혀 있었으며 가시나무들로 뜰이 가려져 있었고 덩굴과 잡초(雜草)가 흙더미를 지키고 있었다. 기와와 자갈등이 묻혀 숨겨진채로 형상(形狀)은 마치 흙무더기 같았는데 그때에 세존(世尊)께서 탑(塔)이 있는 곳으로 지나가시니 향(向)해 가는 그때에 탑(塔) 위로는 대광명(大光明)이 놓여져 치성(熾盛)한 광채(光彩)가 빛을 내며 비추고 있었다. 흙이 모여있는 가운데에서 찬탄(讚嘆)하는 말씀의 소리가 나오니 "훌륭하시고 훌륭하십니다. 석가모니(釋迦牟尼)시여! 오늘 행(行)하신 바는 지극(至極)히 훌륭한 경계(境界)를 보이신 것이며 또한 바라문(婆羅門) 너는 오늘 크고 훌륭한 이익(利益)을 얻게 되었노라"

原文)--------------------------------------

爾時世尊禮彼朽塔右繞三迊 脱身上衣用覆其上 泫然
이시세존예피후탑우요삼잡 탈신상의용부기상 현연
垂淚涕血交流 泣已微笑 當爾之時十方諸佛 皆同觀視
수루체혈교류 읍이미소 당이지시시방제불 개동관시
亦皆流淚 各所放光來照是塔 于時大衆驚愕變色互欲
역개유루 각소방광래조시탑 우시대중경악변색호욕
決疑
결의

譯解) 그때에 세존(世尊)께서는 그 소멸(消滅)된 탑(塔)에 예(禮)를 갖추고 오른쪽으로 세 바퀴를 돌고서 몸의 상의(上衣)

를 벗어 그 흙무더기 위를 덮어 놓으시며 [이슬같이 빛나는] 눈물을 줄줄 흘리시고 눈물을 흘리시니 피눈물이 섞여 흐르는 듯 하다가 울음은 이미 미소(微笑)로 변(變)하였다. 마땅히 그 때에 이르러 시방(十方)의 모든 부처님께서도 모두 함께 분명히 관(觀)하여 보고 또한 눈물을 모두 흘리셨는데 각 곳에서는 빛을 놓으며 [이 흙무더기의 탑으로] 비추어 오고 있었으니 빛이 향(向)하는 그때에 대중(大衆)들은 [그 흙무더기의 탑이] 빛으로 변(變)함에 매우 크게 놀라며 서로 의혹(疑惑)을 품게 되었다.

原文)---

爾時金剛手菩薩等亦皆流淚 威焰熾盛執杵旋轉 往詣
이시금강수보살등역개유루 위염치성집저선전 왕예
佛所白言世尊 此何因緣現是光相 何如來眼流淚如是
불소백언세존 차하인연현시광상 하여래안유루여시
亦彼十方諸佛大瑞光相現前 唯願如來於此大衆解釋我
역피시방제불대서광상현전 유원여래어차대중해석아
疑
의

譯解) 그때에 금강수보살(金剛手菩薩)들 또한 모두 눈물을 흘렸는데 위엄(威嚴)있게 불꽃으로 치성(熾盛)한 금강저(金剛

杵)를 잡고서 빙빙 돌려가며 부처님이 계신 곳으로 나아가서는 세존(世尊)께 말씀으로 아뢰어 여쭙기를 "이는 어떠한 인연(因緣)으로 [흙무더기의 탑이] 이러한 빛의 모습으로 나타나게 되는 것이며 어찌하여 부처님의 눈에서는 이와같은 눈물이 흘러내리게 되시옵니까. 또한 저 시방(十方) 모든 부처님께서 위대(偉大)하고 상서(祥瑞)로운 빛을 [우리들 모두] 앞에 내어 보이시나이까. 오직 원(願)하옵건데 부처님께서는 이 대중(大衆)들의 의혹(疑惑)을 풀어주시옵소서"

原文)---

時薄伽梵告金剛手 此大全身舍利積聚如來寶塔 一切
시박가범고금강수 차대전신사리적취여래보탑 일체
如來無量俱胝心陀羅尼密印法要今在其中 金剛手有此
여래무량구지심다라니밀인법요금재기중 금강수유차
法要在是中故 塔即變爲重疊無隙如胡麻子 俱胝百千
법요재시중고 탑즉변위중첩무극여호마자 구지백천
如來之身 當知亦是如胡麻子 百千俱胝如來全身舍利
여래지신 당지역시여호마자 백천구지여래전신사리
之聚 乃至八萬四千法蘊亦在其中 九十九百千萬俱胝
지취 내지팔만사천법온역재기중 구십구백천만구지
如來頂相亦在其中 由是妙事是塔所在之處 有大神驗
여래정상역재기중 유시묘사시탑소재지처 유대신험

殊勝威德 能滿一切世間吉慶
수승위덕 능만일체세간길경

譯解) 그때에 박가범(薄伽梵)[부처님]께서 금강수보살(金剛手菩薩)에게 이르시기를 "이것은 위대(偉大)한 전신사리(全身舍利)가 쌓이고 모여서 된 부처님의 보배로운 탑(塔)이며 일체(一切) 부처님의 헤아릴 수 없이 많은 마음이 다라니(陀羅尼)에 비밀(秘密)스럽게 새겨지는 법(法)의 요체(要諦)가 지금 그 가운데에 있게 되는 것 이니라. 금강수(金剛手)야! 이러한 법(法)의 요체(要諦)가 이 속에 있기 때문에 보탑(寶塔)은 곧 [부처님의 마음이] 변(變)해서 된 것으로 마치 참깨씨가 중첩(重疊)되어 틈이 없는 것과 같이 헤아릴 수 없을 정도로 많은 여래(如來)의 몸인 것으로 마땅히 알지니라! 또한 참깨씨와도 같이 헤아릴 수 없는 여래(如來)의 전신사리(全身舍利)가 모여서 된 것이며 팔만사천(八萬四千) 법(法)의 무더기도 또한 그 가운데에 있는 것이며 헤아릴 수 없는 여래(如來)의 육계정상(肉髻頂相) 까지도 또한 그 가운데에 있는 것이어서 이렇게 말미암음은 묘(妙)한 일인 것으로 이 탑(塔)이 있는 곳이라면 위대(偉大)하고 신비(神秘)한 영험(靈驗)과 특별(特別)히 뛰어난 위덕(威德)이 있으니 능(能)히 일체(一切)를 충만(充滿)하게 하며 세상(世上)에서는 아주 경사(慶事)스러운 것이니라."

原文)-------------------------------------

爾時大衆聞佛是說 遠塵離垢斷諸煩惱得法眼淨 時衆
이시대중문불시설 원진이구단제번뇌득법안정 시중
機異利益亦別須陀洹果斯陀含果阿那含果阿羅漢果辟
기이이익역별수다원과사다함과아나함과아라한과벽
支佛道 及菩薩道阿鞞跋致薩波若智 於如是事各得其
지불과 급보살도아비발치살파약지 어여시사각득기
一 或有證得初地二地乃至十地 或有滿足六波羅蜜 其
일 혹유증득초지이지내지십지 혹유만족육파라밀 기
婆羅門遠塵離垢得五神通
바라문원진이구득오신통

譯解) 그때에 대중(大衆)들은 부처님이 설(說)하심을 듣고서 티끌같은 번뇌(煩惱)를 여의어 더러움을 멀리하고는 모든 번뇌(煩惱)를 끊게 되었으며 청정한 법안(法眼)을 얻게 되었다. 그때 대중(大衆)들은 근기(根機)가 다르므로 이익(利益)됨이 또한 달라서 수다원과(須陀洹果), 사다함과(斯陀含果), 아나함과(阿那含果), 아라한과(阿羅漢果), 벽지불도(辟支佛道), 보살도(菩薩道)와 아비발치(阿鞞跋致), 살바약지(薩波若智)등 이와같은 일로 각각 그 하나씩을 얻게 되었으며, 혹(或)은 초지(初地), 이지(二地)에서 십지(十地)에 이르는 증득(證得)함이 있었고, 혹은 육바라밀(六波羅密)을 만족(滿足)함이 있었으며, [무구묘광(無垢妙光)인] 그 바라문(婆羅門)은 티끌같은 번뇌(煩惱)를 여의어 더러움을 멀리하니 다섯가지 신통력(神通力)을 얻게 되었다.

原文)---

時金剛手見此奇特希有之事 白言世尊妙哉奇異 但聞
시금강수견차기특희유지사 백언세존묘재기이 단문
此事尚獲如是殊勝功德況聞深理至心起信得幾功德 佛
차사상획여시수승공덕황문심리지심기신득기공덕 불
言諦聽汝金剛手 後世若有信男信女及復我等四部弟子
언제청여금강수 후세약유신남신녀급부아등사부제자
發心書寫此一經典 即准書寫九十九百千萬俱胝如來所
발심서사차일경전 즉준서사구십구백천만구지여래소
說一切經典 即過於彼九十九百千萬俱胝如來之前久植
설일체경전 즉과어피구십구백천만구지여래지전구식
善根 即亦彼諸一切如來 加持護念猶如愛眼 亦如慈母
선근 즉역피제일체여래 가지호념유여애안 역여자모
愛護幼子
애호유자

譯解) 그때에 금강수보살(金剛手菩薩)이 이것은 기이(奇異)하고 특이(特異)하며 희귀(稀貴)한 일이 있음을 보고서 세존(世尊)께 여쭙기를 "묘(妙)하고 기이(奇異)하옵니다. 다만 이러한 일을 들었을 뿐인데도 오히려 이와같은 특별(特別)히 뛰어난 공덕(功德)을 얻었으며 더욱 더 깊은 도리(道理)를 듣고 지극(至極)한 마음으로 믿음을 일으킨다면 어떠한 공덕(功德)을 얻게 되옵나이까" 부처님께서 말씀하시기를 "금강수(金剛手) 너는 자세히 들거라! 후세(後世)에 만약 믿음이 있는 남자(男子)와 믿음이 있는 여자(女子)와 다시 나의 사부제자(四部弟子)들은 발심(發心)하여 이 경전(經典)을 한번 글로서 베낀다면 헤아릴 수 없는 부처님이 말씀하신 모든 경전(經典)을 글로 베낀 것과 같이 준(准)하게 되는 것이며, 과거(過去) 헤아릴 수 없는 여래(如來)께서 오래전에 선근(善根)을 심어 놓은 것과 같게 되는 것이며, 또한 저 모든 여래(如來)의 [대자대비(大慈大悲)한] 힘의 보호(保護)를 받아 오히려 마치 자기 눈을 사랑하듯 보살펴주는 것과 같게 되는 것이며, 또한 자애(慈愛)스러운 어미가 어린 자식(子息)을 사랑하여 보호(保護)하는 것과 같게 되는 것 이니라."

原文)---

若人讀誦此一卷經 即爲讀誦過去現在未來諸佛所說經
약인독송차일권경 즉위독송과거현재미래제불소설경
典 由如是故 九十九百千萬俱胝一切如來應正等覺 側

전 유여시고 구십구백천만구지일체여래응정등각 측
塞無隙猶如胡麻重疊赴來 晝夜現身加持其人 如是一
색무극유여호마중첩부래 주야현신가지기인 여시일
切諸佛如來無數恒沙 前聚未去後群重來須臾推遷迴轉
체제불여래무수항사 전취미거후군중래수유추천회전
更赴 譬如細沙在水旋急 不得停滯迴去復來
경부 비여세사재수선급 부득정체회거복래

譯解) "만약에 어떤 사람이 이 한권의 경전(經典)을 읽거나 외운다면 곧 과거(過去), 현재(現在), 미래(未來)의 모든 부처님께서 말씀하신 경전(經典)을 읽고 외우게 되는 것이니, 이와같은 이유(理由)로 말미암아 헤아릴 수 없는 모든 여래(如來), 응공(應供), 정등각(正等覺)께서 곁을 틈이 없이 막아서는 것이 오히려 마치 참깨씨가 중첩(重疊)되는 것처럼 잇다라 오시는 것이어서 낮과 밤으로 몸을 나타내어 [경전을 읽거나 외운] 그 사람에게 가피(加被)하게 되는 것 이니라. 이와같이 일체(一切)의 모든 부처님 여래(如來)께서는 갠지스 강가의 모래알처럼 많아 셀 수가 없어 앞에서 아직 가시기도 전에 뒤에서 거듭된 부류(部類)가 와서 반드시 잠깐 동안만 쌓여 밀려가듯 돌면서 다시 나아가는 것이니 비유(比喩)하면 마치 미세(微細)한 모래가 물에서 급(急)하게 도는 것과 같아 머물지 못한 상태로 돌아 나가듯 거듭하여 오는 것과 같느니라."

原文)---

若有人以香華塗香華鬘衣服微妙嚴具供養此經 即成於
약유인이향화도향화만의복미묘엄구공양차경 즉성어
彼十方九十九百千萬俱胝如來之前 以天香華衣服嚴具
피시방구십구백천만구지여래지전 이천향화의복엄구
七寶所成 積如須彌盡以供養 種植善根亦復如是 爾時
칠보소성 적여수미진이공양 종식선근역부여시 이시
天龍八部人非人等聞是說已 各懷希奇互相謂言 奇哉
천룡팔부인비인등문시설이 각회희기호상위언 기재
威德是朽土聚 如來神力所加持故有是神變
위덕시후토취 여래신력소가지고유시신변

譯解) "만약에 어떤 사람이 향(香)과 꽃과 [몸에는 향나무 가루인] 향료(香料)를 바르고 꽃다발과 의복(衣服)을 미묘(微妙)하게 장엄(莊嚴)하여 갖추고서 이 경전(經典)에 공양(供養)하여 올리면 곧 저 시방(十方)의 헤아릴 수 없는 여래(如來) 앞에 공양(供養)을 올리는 것과 같이 되어 이는 하늘향[天香], 하늘꽃[天華], 하늘의복[天衣], 하늘에서 장엄(莊嚴)하여 갖추는 칠보(七寶)로 되는 것인바, 마치 수미산(須彌山)이 다하는 만큼 쌓아올린 공양(供養)인 것으로서 선근종자(善根種子)를 심어 놓음도 또한 이와 같은 것 이니라." 그때에 천(天), 룡(龍), 팔부신장(八部神將), 사람[人], 사람같으나 사람아닌 존재[非人]들이 이렇게 말씀하심을 이미 듣고서는 각각 희한하고 기이(奇異)한 생각을 품으며 서로서로 말하기를 "기이(奇異)하도다! 쇠(衰)하여 흙더미로 쌓여있는 이곳의 위엄(威嚴)스런 덕(德)은 여래(如來)의 신비(神秘)스런 능력(能力)인 것으로 [경전에 공양올린 사람이] 가피(加被)를 받는 까닭인바 이러한 신비(神秘)스런 변화(變化)가 있는 것이로다."

原文)---

金剛手復白佛言 世尊何因緣故 是七寶塔現爲土聚 佛
금강수부백불언 세존하인연고 시칠보탑현위토취 불
告金剛手 此非土聚乃是殊妙大寶塔耳 由諸衆生業果
고금강수 차비토취내시수묘대보탑이 유제중생업과
劣故隱蔽不現 由塔隱故如來全身非可毀壞 豈有如來
열고은폐불현 유탑은고여래전신비가훼괴 기유여래
金剛藏身而可壞哉 我若滅度後世末法逼迫之時 若有
금강장신이가괴재 아약멸도후세말법핍박지시 약유
衆生習行非法應墮地獄 不信三寶不植善根 爲是因緣
중생습행비법응타지옥 불신삼보불식선근 위시인연
佛法當隱 然猶是塔堅固不滅 一切如來神力所持 無
불법당은 연유시탑견고불멸 일체여래신력소지 무
智衆生惑障覆蔽 徒朽珍寶不知採用 以是事故我今流

지중생혹장복폐 도후진보부지채용 이시사고아금류
淚 彼諸如來亦皆流淚
루 피제여래역개유루

譯解) 금강수보살(金剛手菩薩)이 다시 부처님께 여쭙기를 "세존(世尊)이시여 어떠한 인연(因緣)때문에 이 칠보탑(七寶塔)이 흙더미로 쌓여서 나타나는 것 이옵니까." 부처님이 금강수보살(金剛手菩薩)에게 이르시기를 "이것은 흙더미가 쌓여있는 것이 아니라 이것은 오직 특별(特別)히 묘(妙)한 위대(偉大)한 보탑(寶塔)일 뿐이니라. 연유(緣由)하면 모든 중생(衆生)의 업(業)에 의한 과보(果報)가 열등(劣等)하기 때문에 숨어서 나타나지 않는 것이니, 탑(塔)이 숨겨진 까닭은 여래(如來)의 전신(全身)은 부수거나 파괴(破壞)할 수 없음에 연유(緣由)하는 것이니라. 어찌 존재(存在)하는 여래(如來)의 금강장신(金剛藏身)이 부서지겠느냐! 내가 만약 열반(涅槃)하고 후세말법(後世末法)으로 핍박(逼迫)받을 때 이르러 만약 어떤 중생(衆生)이 법(法)이 아닌 것을 행(行)하고 익히면 응당(應當)히 지옥(地獄)에 떨어질 것인데 [불보(佛寶), 법보(法寶), 승보(僧寶)인] 삼보(三寶)를 믿지 않고 선근(善根)을 심지 않는다면 이러한 인연(因緣)으로 불법(佛法)은 마땅히 숨게 되지만 그러나 오히려 보배 탑(塔)은 견고(堅固)하여 소멸(消滅)되지 않음은 일체여래(一切如來)께서 신비(神秘)한 힘을 지닌 바이나 지혜

(智慧)가 없는 중생(衆生)들은 의혹심(疑惑心)의 장애(障碍)로 덮히고 부패(腐敗)한 무리들은 진기(珍奇)한 보배를 캐서 활용(活用)함을 알지 못하니, 이러한 일 때문에 내가 지금 눈물을 흘린 것이며 저 모든 여래(如來)께서 또한 모두 눈물을 흘리신 것이니라."

原文)--

復次佛告金剛手言 若有衆生書寫此經置塔中者 是塔
부차불고금강수언 약유중생서사차경치탑중자 시탑
即爲一切如來金剛藏窣都婆 亦爲一切如來陀羅尼心祕
즉위일체여래금강장솔도파 역위일체여래다라니심비
密加持窣都婆 即爲九十九百千萬俱胝如來窣都婆 亦
밀가지솔도파 즉위구십구백천만구지여래솔도파 역
爲一切如來佛頂佛眼窣都婆 即爲一切如來神力所護
위일체여래불정불안솔도파 즉위일체여래신력소호

譯解) 다시 부처님은 금강수보살(金剛手菩薩)에게 이르시기를 "만약 어떤 중생(衆生)이 이 경(經)을 글씨로 적어서 탑(塔) 속에 놓아둔다면 이 탑(塔)은 곧 모든 여래(如來)의 [절대로 파괴되지 않는] 금강장(金剛藏) 스투파[탑:stupa]가 되고 또한 모든 여래(如來)의 다라니(陀羅尼) 마음이 되어 비밀(秘密)리에 스투파[塔]는 [부처님의 대자대비(大慈大悲)한 힘으로]

보호(保護)를 받게 되는 것 이니라. 곧 헤아릴 수 없는 여래(如來)의 스투파(stupa)는 또한 모든 여래(如來)의 불정[佛頂: 부처님의 육계정상], 불안[佛眼:오직 부처님만이 일체 진리법을 꿰뚫어 아는 눈] 의 스투파(stupa)이니 곧 모든 여래(如來)의 신비(神秘)한 힘으로 보호(保護)를 받게 되는 것 이니라.

原文)---

若佛像中窣都婆中安置此經 其像即爲七寶所成靈驗應
약불상중솔도파중안치차경 기상즉위칠보소성영험응
心無願不滿 其窣都婆傘蓋羅網輪橖露盤 德宇鈴鐸楹
심무원불만 기솔도파산개라망윤탱로반 덕우영탁영
礎基階 隨力所辦或土或木若石若甎 由經威力自爲七
초기개 수력소판혹토혹목약석약전 유경위력자위칠
寶 一切如來於此經典加其威力 以誠實言不斷加持
보 일체여래어차경전가기위력 이성실언부단가지

譯解) "만약 불상(佛像)속이나 스투파(stupa) 속에 이 [보협인다라니(寶篋印陀羅尼)] 경(經)을 안치(安置)한다면 그 불상(佛像)은 곧 칠보(七寶)가 되는 바 영험(靈驗)함이 마음에 응(應)하여서 바라는 것은 모두 만족(滿足) 못함이 없게 되는 것이니라. 그 보탑(寶塔)의 산개(傘蓋), 라망(羅網), 윤탱(輪

楪), 로반(露盤), 덕우(德宇), 영탁(鈴鐸), 영초(楹礎), 기계(基階)등은 여래(如來)의 위신력(威神力)을 따라 혹 흙이나, 혹 나무나, 만약 돌이나, 만약 토기등으로 힘써 갖추면 경전(經典)의 위신력(威神力)으로 말미암아 스스로 칠보(七寶)가 되는 것으로 모든 여래(如來)는 이 경전(經典)이 있음에 [부처님의 대자대비(大慈大悲)한] 그 위신력(威神力)으로 보호(保護)되는 것이며 [지극정성(至極精誠)인 중생(衆生)들에게는] 진실(眞實)한 말로서 [부처님의 대자대비(大慈大悲)한] 가호(加護)가 끊어지지 않게 되는 것 이니라."

原文)---

若有有情能於此塔 一香一華禮拜供養 八十億劫生死
약유유정능어차탑 일향일화예배공양 팔십억겁생사
重罪一時消滅 生免災殃死生佛家 若有應墮阿鼻地獄
중죄일시소멸 생면재앙사생불가 약유응타아비지옥
若於此塔 或一禮拜 或一右遶 塞地獄門開菩提路 塔
약어차탑 혹일예배 혹일우요 색지옥문개보리로 탑
及形像所在之處 一切如來神力所護 其處不爲暴風雷
급형상소재지처 일체여래신력소호 기처불위폭풍뇌
電霹靂所害 不爲毒蛇蚖蝮毒蟲毒獸所傷 不爲師子狂
전벽력소해 불위독사원복독충독수소상 불위사자광
象虎狼野干蜂蠆之所傷害 亦無藥叉羅刹部多那毘舍

상호랑야간봉채지소상해 역무약차나찰부다나비사
遮魑魅魍魎癲癎之怖 亦復不爲一切寒熱諸病 癧瘺癰
차이매망량전간지포 역부불위일체한열제병 역루옹
疽瘡疣疥癩所染
저창우개라소염

譯解) “만약 어떤 유정중생(有情衆生)이 능(能)히 이 탑(塔)이 있는 곳에서 하나의 향(香)과 하나의 꽃으로 예배공양(禮拜供養) 올릴 수 있으면 팔십억겁(八十億劫)의 생사중죄(生死重罪)가 일시(一時)에 소멸(消滅)되고 살아서는 재앙(災殃)을 면(免)하고 죽어서는 부처님 가문(家門)에 나게 되는 것 이니라.
만약 어떤 [유정중생(有情衆生)이] 아비지옥(阿鼻地獄)에 떨어진다면 만약 이 탑(塔)이 있는 곳에서 혹(或) 한번 예배(禮拜)하거나 혹(或) 한번 오른쪽으로 돌면 지옥문(地獄門)이 막히고 깨달음의 길이 열리니 탑(塔)의 형상(形狀)이 소재(所在)하는 곳에서는 모든 여래(如來)의 신비(神秘)한 힘으로 보호(保護)받게 되는 바이니, 그 곳은 폭풍(暴風)과 천둥번개[雷電]와 벼락[霹靂]이 해(害)를 입히지 못하는 바이며, 독사(毒蛇)와 독룡(毒龍)과 독충(毒蟲)과 독(毒)한 짐승들이 해치지 못하는 바이며, 사자(獅子)와 미친 코끼리[狂象:광상]와 호랑이[虎:호]와 이리[狼:랑]와 들에 사는 벌[野干蜂:야간봉]과 전갈[蠆:채]들이 해롭게 해치지 못하는 바이며, 또한 야차(藥叉)와 나찰(羅刹)과 부다나(部多那)와 비사(毘舍)와 도깨비[魑魅魍魎:이매망량]들이 발작(發作)하는 두려움을 차단(遮斷)하고 또다시 일체(一切)의 오한(惡寒)과 발열(發熱)의 모든 병(病)과 연주부스럼[癧:력], 부스럼[瘺:루], 악창[癰:옹], 등창[疽:저], 종기[瘡:창], 혹[疣:우], 옴[疥:개], 나병[癩:라]등이 전염(傳染)이 되지 않는바 이니라."

原文)------------------------------------

若人暫見是塔能除一切災難 其處亦無人馬六畜童子童
약인잠견시탑능제일체재난 기처역무인마육축동자동
女疫癘之患 不爲橫死非命所夭 不爲刀杖水火所傷 不
녀역려지환 불위횡사비명소요 불위도장수화소상 불
爲盜賊怨讐所侵 亦無飢饉貧乏之憂 厭魅呪咀不能得
위도적원수소침 역무기근빈핍지우 염매주저불능득
便 四大天王與諸眷屬晝夜衞護 二十八部大藥叉將 日
편 사대천왕여제권속주야위호 이십팔부대약차장 일
月五星幢雲彗星晝夜護持 一切龍王加其精氣順時降雨
월오성당운혜성주야호지 일체용왕가기정기순시강우
一切諸天與忉利天 三時下來亦爲供養 一切諸仙三時來
일체제천여도리천 삼시하래역위공양 일체제선삼시래
集 讃詠旋遶禮謝瞻仰 釋提桓因與諸天女 晝夜三時來

집 찬영선요예사첨앙 석제환인여제천녀 주야삼시래
下供養 其處即爲一切如來護念加持 由納經故塔即如是
하공양 기처즉위일체여래호념가지 유납경고탑즉여시

譯解) "만약 어떤 사람이 잠시(暫時)라도 이 탑(塔)을 본다면 능(能)히 모든 재난(災難)을 제거(除去)할 수 있으며 그 곳에서는 또한 사람[人], 말[馬], 가축[六畜], 남아[童子], 여아[童女]등이 전염병(傳染病)으로 인한 근심이 없게되며, 갑자기 죽거나 일찍 죽지도 않는 바이며, 칼과 창과 물과 불이 해치지 못하며, 도적(盜賊)과 원수(怨讐)가 침해(侵害)하지 못하는 바이며, 또한 먹을 양식(糧食)이 없는 가난(家難)으로 궁핍(窮乏)함을 근심하지 않으며, 싫어하는 도깨비[魑魅魍魎:이매망량]의 저주(咀呪)로 능(能)히 홀릴 수 없어서 편안(便安)함을 얻게되며, 사대천왕(四天大王)과 더불어 모든 권속(眷屬)들이 주야(晝夜)로 호위(護衛)하며, 이십팔부(二十八部)와 대야차장(大藥叉將)과 일월오성(日月五星)과 당운혜성(幢雲彗星)들도 주야(晝夜)로 보호(保護)하고 지키며 일체(一切) 용왕(龍王)들의 그 정기(精氣)에 의한 가호(加護)함으로 순리(順理)에 따라 비가 내리며 일체(一切) 모든 하늘과 더불어 도리천(忉利天)이 세 때마다 아래로 내려와서 또한 공양(供養)을 올리며 일체(一切) 모든 신선(神仙)들이 세 때마다 내려와 모여 에워싸고 돌면서 찬영(讚詠)하여 감사(感謝)의 예(禮)를 갖춰 우러러보며 제석천왕(帝釋天王)과 더불어 모든 천녀(天女)도 주야(晝夜)로 세 때마다 아래로 내려와 공양(供養)을 올리게 되며 그 [보탑이 중생들로 하여금 힘써 만들어져 있는] 곳은 일체 여래(如來)께서 [대자대비한 위신력으로] 가호(加護)하는 것이니 연유(緣由)해보면 곧 이와같은 탑(塔) 속에 [보협인다라니(寶篋印陀羅尼)] 경(經)이 들어있는 까닭 때문인 것 이니라.“

原文)--

若人作塔以土石木金銀銅鉛 書此神呪安置其中 纔安
약인작탑이토석목금은동연 서차신주안치기중 재안
置已 其塔即爲七寶所成 上下階級露盤傘蓋 鈴鐸輪
치이 기탑즉위칠보소성 상하개급노반산개 영탁윤
樘純爲七寶 其塔四方如來形相 由法要故 一切如來
탱순위칠보 기탑사방여래형상 유법요고 일체여래
堅住護持晝夜不去 其七寶塔全身舍利之妙寶藏以呪威
견주호지주야불거 기칠보탑전신사리지묘보장이주위
力擢竦 高至阿迦尼吒天宮之中 塔所串峙一切諸天 晝
력탁송 고지아가니타천궁지중 탑소곶치일체제천 주
夜瞻仰守衞供
야첨앙수위공

譯解) “만약 어떤 사람이 흙[土], 돌[石], 나무[木], 금(金), 은(銀), 동(銅), 납(鈉)으로서 탑(塔)을 만들어 이 [보협인다라니(寶篋印陀羅尼)] 신주(神呪)를 글로 써서 그 속에 안치(安置)한다면 잠깐 안치(安置)하기도 전(前)에 이미 그 탑(塔)은 곧 칠보(七寶)로 되는 것이어서 [보탑의] 위와 아래에 차등적(差等的)으로 놓인 로반(露盤), 산개(傘蓋), 영탁(鈴鐸), 윤탱(輪橖)등이 순수(純粹)한 칠보(七寶)가 되고 그 탑(塔)의 사방(四方)은 여래(如來)의 형상(形狀)으로 될 것인데 연유(緣由)하여보면 [대중들이 정성들여 여러 가지 재질로 탑을 조성하고 그 속에 신주를 안치한 공덕으로] 그 법(法)에는 요긴(要緊)함이 있는 까닭에 일체여래(一切如來)께서는 주야(晝夜)로 가시지 않고 굳건히 머무르시면서 [대자대비한 위신력으로] 가호(加護)하게 되는 것 이니라.” 그 칠보탑(七寶塔)의 전신사리(全身舍利)는 묘(妙)한 보배장신(藏身)으로서 [보협인다라니] 신주(神呪)의 위력(威力)으로 빼어나게 우뚝 솟아오르는데 높이는 [색계(色界)의 가장 위 색구경천(色究竟天)인] 아가니타천궁(阿迦尼吒天宮) 속까지 이르게 되어서 [그 천궁(天宮) 속의 대중들은] 밤낮으로 우러러보며 공양(供養) 올리고 지키게 되는 것 이니라.

原文)------------------------------------

金剛手言何因緣故 此法如是殊勝功德 佛言當知以此

금강수언하인연고 차법여시수승공덕 불언당지이차

寶篋印陀羅尼威神力故 金剛手言 唯願如來哀愍我等
보협인다라니위신력고 금강수언 유원여래애민아등
說是陀羅尼 佛言諦聽思念莫忘 現在未來一切如來分
설시다라니 불언체청사념막망 현재미래일체여래분
身光儀 過去諸佛全身舍利 皆在寶篋印陀羅尼 是諸
신광의 과거제불전신사리 개재보협인다라니 시제
如來所有三身亦在是中 爾時世尊即說陀羅尼曰
여래소유삼신역재시중 이시세존즉설다라니왈

譯解) 금강수보살(金剛手菩薩)이 여쭙기를 "어떠한 인연(因緣)의 까닭으로 이 법(法)은 이와같이 특별(特別)히 뛰어난 공덕(功德)이 있는 것 이옵니까." 부처님께서 말씀하시기를 "마땅히 알지니라! 이것은 보협인다라니(寶篋印陀羅尼)의 위신력(威神力)인 까닭이니라" 금강수보살(金剛手菩薩)이 여쭙기를 "오직 원(願)하옵건데 여래(如來)께서는 저희들을 가엾고 불쌍히 여기시어 이 다라니(陀羅尼)를 설(說)해 주시옵소서" 부처님께서 말씀하시기를 "자세히 듣고 생각하여 잊지말라! 현재(現在)와 미래(未來) 일체여래(一切如來)의 분신(分身)인 빛의 법도(法道)와 과거(過去) 모든 부처님의 전신사리(全身舍利)가 모두 보협인다라니(寶篋印陀羅尼)에 있으니 이 모든 여래(如來)의 [법신(法身), 보신(報身), 응신(應身)인] 삼신(三神)이 있는 바, 또한 이 [보협인다라니] 속에 있게 되는 것 이니라." 그때에 세존(世尊)께서 곧 다라니(陀羅尼)를 설(說)하시었다.

(첨부설명)------------------------------------

보협인다라니(寶篋印陀羅尼)의 세부항목비교(細部項目比較)에 들어가기에 앞서 잠시 부연설명(敷衍說明)을 하면,

* 가장 처음은 범자표기(梵字表記)에 해당한다.
1)번 항목(項目)은 대정신수대장경(大正新脩大藏經)에 실려있는 중국식발음(中國式發音)의 한자표기(漢字表記)에 해당한다.
2)번 항목(項目)은 범자(梵字)에 따른 로마나이즈로서 세계 공통(世界共通)의 발음표기(發音表記)에 해당한다.
3)번 항목(項目)은 로마나이즈에 따른 범어원음(梵語原音)을 우리 한글로 표기(表記)한 것에 해당하며 청색(靑色)의 굵은 글씨를 읽거나 암송(暗誦)하면 로마나이즈에 따른 범어원음(梵語原音)의 발음(發音)에 최대한 가깝게 구사할 수 있을 것으로 사려(思慮)해 본다.

一切如來心祕密全身舍利寶篋印陀羅尼呪------------------
일체여래심비밀전신사리보협인다라니주

不空奉詔譯
불공봉소역

1)那莫悉怛哩野地尾迦南(一)

2)Namah: striya dhvikanām.

3)나막 스뜨리야 디위까남

---

1)薩婆怛他蘖多喃(二)

2)Sarva tathāgatanām.

3)사르와 따타가따남

---

1)唵(三)

2)Om.

3)옴

---

1)部尾婆嚩娜嚩唎(四)

2)Bhuvibha vadavari

3)뷰위바 와다와리

---

1)嚩者梨(五)

2)Vacari

3)와짜리

---

1)嚩者[齒+來](六)

2)Vacat.ai

3)와짜따이

---

1)祖嚕祖嚕駄囉駄囉(七)

2)Suru suru dhara dhara

3)수루 수루 다라 다라

---

1)薩嚩怛他蘖多(八)

2)Sarva tathāgata

3)사르와 따타가따

---

1)馱覩馱梨鉢娜鞈婆嚩底(九)

2)Dhātudhari padmam. bhavati

3)다뚜다리 빠드맘 바와띠

---

1)惹也嚩梨(十)

2)Jayavari

3)자야와리

---

1)畝怛梨薩磨囉(十一)

2)Mudri smara

3)무드리 스마라

---

1)怛他蘖多 達磨 斫迦囉(十二)

2)Tathāgata dharma cakra

3)따타가따 다르마 짜끄라

---

1)鉢羅韈栗多娜 嚩日梨 冐地 滿拏(十三)

2)Pravarttana vajri bodhi man.da

3)쁘라와르따나 와즈리 보디 만다

---

1)楞迦囉(十四)

2)Lum.kara

3)룸까라

---

1)楞訖哩諦(十五)

2)Lum.kr.te

3)룸끄리떼

---

1)薩嚩 怛他蘖多 地瑟恥諦(十六)

2)Sarva tathāgatā dhis.t.ite

3)사르와 따타가따 디쓰띠떼

𑖤𑖺𑖠𑖧𑖤𑖺𑖠𑖧

1)冒馱野 冒馱野(十七)

2)Bodhaya bodhaya

3)보다야 보다야

𑖤𑖺𑖠𑖰𑖤𑖺𑖠𑖰

1)冒地 冒地(十八)

2)Bodhi bodhi

3)보디 보디

𑖤𑖲𑖟𑖿𑖠𑖿𑖧𑖤𑖲𑖟𑖿𑖠𑖿𑖧

1)沒[亭+ 夜] 沒[亭+ 夜](十九)

2)Buddhya buddhya

3)붇디야 붇디야

𑖭𑖽𑖤𑖺𑖠𑖡𑖰𑖭𑖽𑖤𑖺𑖠𑖧

1)參冒馱儞 參冒馱野(二十)

2)Sam.bodhani sam.bodhaya

3)삼보다니 삼보다야

𑖓𑖩 𑖓𑖩

1)者攞 者攞(二十一)

2)Cala cala

3)짜라 짜라

𑖓𑖩𑖽𑖝𑖲

1)者懶都(二十二)

2)Calam.tu

3)짜람뚜

𑖭𑖨𑖿𑖪 𑖪𑖨𑖜𑖯𑖡𑖰

1)薩嚩 縛囉拏儞(二十三)

2)Sarva varan.ani

3)사르와 와라나니

𑖭𑖨𑖿𑖪 𑖢𑖯𑖢𑖪𑖰𑖐𑖝𑖸

1)薩嚩 播波尾蘗諦(二十四)

2)Sarva pāpavigate

3)사르와 빠빠위가떼

𑖮𑖲 𑖨𑖲 𑖮𑖲 𑖨𑖲

1)戸嚕 戸嚕(二十五)

2)Huru huru

3)후루 후루

𑖭 𑖨𑖿𑖪 𑖫𑖺 𑖎 𑖪𑖰 𑖐 𑖝𑖸

1)薩嚩 戍迦弭蘗帝(二十六)

2)Sarva `sokavigate

3)사르와 쇼까위가떼

𑖭 𑖨𑖿𑖪 𑖝 𑖞𑖯 𑖐 𑖝

1)薩嚩 怛他蘗多(二十七)

2)Sarva tathāgata

3)사르와 따타가따

𑖮𑖴 𑖟 𑖧 𑖪 𑖕𑖿𑖨 𑖜𑖰

1)訖哩娜野 嚩日囉抳(二十八)

2)Hr.daya vajran.i

3)흐리다야 와즈라니

---

1)參婆囉 參婆囉(二十九)

2)Sam.bhara sam.bhara

3)삼바라 삼바라

---

1)薩嚩 怛他蘖多(三十)

2)Sarva tathāgata

3)사르와 따타가따

---

1)虞呬野 馱囉抳 畝涅梨(三十一)

2)Guhya dharan.i mudri

3)구히야 다라니 무드리

---

1)沒悌 蘇沒悌(三十二)

2)Buddhe subuddhe

3)붇데 수붇데

---

1)薩嚩 怛他蘖多 地瑟恥多(三十三)

2)Sarva tathāgatā dhis.t.ita

3)사르와 따타가따 디쓰띠따

---

1)馱覩 蘖陛 娑嚩賀(三十四)

2)Dhātu garbhe svāhā

3)다뚜 가르베 스와하

---

1)三摩耶 地瑟恥帝 娑嚩訶(三十五)

2)Samayā dhis.t.ite svāhā

3)사마야 디쓰띠떼 스와하

---

1)薩嚩 怛他蘖多 訖哩娜野 馱覩畝捺梨 娑嚩訶(三十六)

2)Sarva tathāgata hr.daya dhātumudri svāhā

3)사르와 따타가따 흐리다야 다뚜무드리 스와하

---

1)蘇鉢羅 底瑟恥多 薩覩閉 怛他蘖多 地瑟恥帝 戶嚕戶嚕 吽吽 娑嚩訶(三十七)

2)Supra tis.t.ita stubhe tathāgatā dhis.t.ite huru huru hūm. hūm. svāhā

3)수쁘라 띠쓰띠따 스뚜베 따타가따 디쓰띠떼 후루 후루 훔 훔 스와하

---

1)唵 薩嚩 怛他蘖多(三十八)

2)Om. sarva tathāgata

3)옴 사르와 따타가따

---

1)塢瑟抳沙 馱覩 畝捺囉尼 薩嚩 怛他蘖單 娑馱 覩尾部使多 地瑟恥帝(三十九)

2)Us.n.īs.a dhātu mudrān.i sarva tathāgatam. sadha tuvi bhus.itā dhis.t.ite

3)우쓰니싸 다뚜 무드라니 사르와 따타가땀 사다 뚜위부씨따 디쓰띠떼

---

1)吽吽 娑嚩訶(四十)

2)Hūm. hūm. svāhā

3)훔 훔 스와하

原文)-----------------------------------

爾時佛說是神呪已 諸佛如來自土聚中出聲讚言 善哉
이시불설시신주이 제불여래자토취중출성찬언 선재
善哉釋迦世尊 出濁惡世爲利無依無怙衆生 演說深法
선재석가세존 출탁악세위리무의무호중생 연설심법
如是法要久住世間 利益廣多安穩快樂
여시법요구주세간 이익광다안온쾌락

譯解) 그때에 부처님께서 신주(神呪)를 설(說)해 마치시니 모든 부처님 여래(如來)께서 흙무더기 속으로부터 찬탄(讚嘆)하는 말씀의 소리가 흘러나왔다. "훌륭하고 훌륭하시옵니다. 석가세존(釋迦世尊)이시여! 혼탁(混濁)하고 악(惡)한 세상(世上)에 나오시어 의지(依支)함이 없고 믿음이 없는 중생(衆生)들의 이익(利益)을 위해 심오(深奧)한 [다라니(陀羅尼)] 법(法)을 연설(演說)하시니 이와같은 법(法)의 요체(要諦)가 세상(世上)에 오래도록 머물러 [중생들에게는] 이익(利益)되는 안온

(安穩)함과 쾌락(快樂)이 널리 많게 되었습니다"

原文)--------------------------------------

于時佛告金剛手言 諦聽諦聽如是法要 神力無窮利益
우시불고금강수언 제청제청여시법요 신력무궁이익
無邊 譬如幢上如意寶珠 常雨珍寶滿一切願 我今略說
무변 비여당상여의보주 상우진보만일체원 아금약설
萬分之一 汝宜憶持利益一切
만분지일 여의억지이익일체

譯解) 이때에 부처님께서 금강수보살(金剛手菩薩)에게 이르시기를 "자세히 듣고 자세히 들어라! 이와같은 [다라니(陀羅尼)] 법(法)의 요체(要諦)는 신비(神秘)한 힘이 무궁(無窮)하여 이익(利益)됨이 끝닿는 데가 없는 것이니 비유(比喩)하자면 마치 깃발위의 여의보주(如意寶呪)가 항상(恒常) 진기(珍奇)하고 보배로운 비를 내려 일체(一切)의 원(願)을 만족(滿足)시키는 것과 같느니라. 지금 내가 [다라니의 위신력에 의한 원의 성취됨을] 간략(簡略)히 설(說)한 것은 만분(萬分)의 일(一)이니 너는 마땅히 기억(記憶)하여 지녀서는 일체(一切)를 이익(利益)되게 하여라."

原文)--------------------------------------

若有惡人死墮地獄 受苦無間免脫無期 有其子孫稱亡
약유악인사타지옥 수고무간면탈무기 유기자손칭망
者名 誦上神呪纔至七遍 洋銅熱鐵忽然變爲八功德池
자명 송상신주재지칠편 양동열철물연변위팔공덕지
蓮生承足寶蓋駐頂 地獄門破菩提道開 其蓮如飛至極
연생승족보개주정 지옥문파보리도개 기연여비지극
樂界 一切種智自然顯發 樂說無窮位在補處
락계 일체종지자연현발 요설무궁위재보처

譯解) "만약 어떤 악(惡)한 사람이 죽어서는 지옥(地獄)에 떨어져 무간지옥(無間地獄)의 고통(苦痛)을 받아 벗어날 기약(期約)이 없더라도 어떤 그의 자손(子孫)이 망자(亡者)의 이름을 부르면서 신주(神呪)를 올리고 잠깐 동안 일곱번을 외우면 녹은 구리물과 뜨겁게 달아오른 쇠가 홀연히 팔공덕(八供德)의 연못으로 변(變)하여서는 연꽃을 발 받침하여 화생(化生)하고 정수리위로는 보개(寶蓋)가 머무르니 지옥문(地獄門)은 깨지고 깨달음의 도(道)가 열리게 되어 그 연꽃은 당연(當然)히 날아서 극락세계(極樂世界)에 이르게 될 것인데 모든 현상(現象)의 전체(全體)를 낱낱이 아는 지혜(智慧)가 자연(自然)히 발현(發現)되어 즐거운 말이 끝이 없는 보처(補處)의 지위(地位)에 있게 되느니라."

原文)---

復有衆生重罪報故 百病集身苦痛逼心 誦此神呪二十
부유중생중죄보고 백병집신고통핍심 송차신주이십
一遍 百病萬惱一時消滅 壽命延長福德無盡
일편 백병만뇌일시소멸 수명연장복덕무진

譯解) "만약 어떤 중생(衆生)이 과보(果報)로 중죄(重罪)를 받는 까닭에 백(百)가지 병(病)이 몸에 모여서 고통(苦痛)스러움이 마음을 핍박(逼迫)할 때 이 신주(神呪)를 이십일(二十一)번 외우면 백(百)가지 병(病)과 만(萬)가지 고뇌(苦惱)가 일시(一時)에 소멸(消滅)되고 수명(壽命)은 연장(延長)되어 복덕(福德)이 다함이 없게 되느니라."

原文)---

若復有人慳貪業故生貧窮家 衣不隱身食不續命 瘦衰
약부유인간탐업고생빈궁가 의불은신식불속명 수쇠
蔽人所惡賤 是人慚愧入山折採無主搞華 若磨朽木持
폐인소악천 시인참괴입산절채무주격화 약마후목지
以號香 往至塔前禮拜供養 旋遶七匝流淚悔過 由神呪
이호향 왕지탑전예배공양 선요칠잡유루회과 유신주
力及塔威德 滅貧窮報富貴忽至 七寶如雨無所闕乏 但
력급탑위덕 멸빈궁보부귀홀지 칠보여우무소궐핍 단

當此時彌飾佛法施與貧乏 若有吝惜財寶忽滅
당차시미식불법시여빈핍 약유인석재보홀멸

譯解) "만약 어떤 사람이 인색(吝嗇)하고 탐(貪)하는 업(業) 때문에 빈궁(貧窮)한 집에 태어나 옷으로는 몸을 감추지 못하고 먹는 것으로는 목숨을 이을 수 없게 되어 매우 여위고 쇠(衰)하여 몸을 가렸으나 사람들이 몹시 천(賤)하게 여기는바 이 사람은 부끄러워 산으로 들어가 주인(主人) 없는 꽃을 꺾어 채집(採集)하고 오래된 나무로 갈아서 특별(特別)한 향(香)이라 이르고는 탑(塔) 앞으로 가서 예배공양(禮拜供養)하고 오른쪽으로 일곱 바퀴 돌아 눈물을 흘리면서 허물을 뉘우치게되면 신주(神呪)의 위신력(威神力)과 탑(塔)의 위덕(威德)으로 말미암아 빈궁(貧窮)한 과보(果報)가 소멸(消滅)되어 홀연(忽然)히 부귀(富貴)함에 이르게 되나니 칠보(七寶)가 마치 비오듯하여 부족(不足)함이 없게 될 것인바, 다만 그때에는 마땅히 두루 불법(佛法)으로 다스려서 더불어 가난(家難)하고 궁핍(窮乏)한 사람들에게 베풀어야 할 것인데 만약 인색(吝嗇)하여 아까워한다면 재물(財物)과 보배가 홀연(忽然)히 소멸(消滅)되느니라."

原文)---
若復有人爲種善根隨分造塔 或泥或甎隨力所辦 大如
약부유인위종선근수분조탑 혹니혹전수력소판 대여

菴羅高四指許 書寫神呪安置其中 持以香華禮拜供養
암라고사지허 서사신주안치기중 지이향화예배공양
以其呪力及信心故 自小塔中出大香雲 香氣雲光周遍
이기주력급신심고 자소탑중출대향운 향기운광주편
法界 薰馥晃曜廣作佛事 所得功德如上所說 取要言
법계 훈복황요광작불사 소득공덕여상소설 취요언
之無願不滿
지무원불만

譯解) "만약 어떤 사람이 선근종자(善根種子)를 심기위해 각자(各自)의 분수(分數)에 따라 탑(塔)을 조성(造成)함에 혹(或)은 진흙[泥]이나 혹(或)은 벽돌[甎]등으로 역량(力量)에 따라 갖출 것인데 마치 커다란 망고열매[菴羅:암라]처럼 손가락 네 개 정도(程度)의 높이로 만들고 [보협인다라니(寶篋印陀羅尼)] 신주(神呪)를 글로 써서 그 속에 안치(安置)하고 향(香)과 꽃을 가지고 예배공양(禮拜供養)을 올리면 그 신주(神呪)의 위신력(威神力)으로 믿는 마음이 나게끔 하는 까닭에 작은 탑(塔) 속으로부터 지극(至極)한 향기(香氣)가 구름처럼 나오고 향기(香氣)로운 구름 광채(光彩)는 두루 법계(法界)에 널리 퍼지게되어 향(香)냄새는 향기(香氣)롭고 밝게 빛나서 널리 불사(佛事)를 짓게 되는 것이니 공덕(功德)을 얻게 되는바, 위에서 설(說)한 것 같이 긴요(緊要)한 말씀을 취(取)하는 것으로 원(願)하는 것은 충족(充足)되지 않는 것이 없게 되느니라."

原文)--

若有末世四輩弟子善男善女 爲無上道盡力造塔安置神
약유말세사배제자선남선녀 위무상도진력조탑안치신
呪 所得功德說不可盡
주 소득공덕설불가진

譯解) "만약 말세(末世)에 어떤 사부제자(四部弟子) 부류(部類)와 훌륭한 남자와 훌륭한 여자가 최상(最上)의 도(道)로서 능력(能力)을 다하여 탑(塔)을 만들어 신주(神呪)를 안치(安置)하게되면 얻게되는 공덕(功德)은 이루 말로 다 할 수 없는 것 이니라."

原文)--

若人求福至其塔所 一華一香禮拜供養右旋行道 由是
약인구복지기탑소 일화일향예배공양우선행도 유시
功德官位榮耀不求自至 壽命富饒不祈自增 怨家盜賊
공덕관위영요불구자지 수명부요불기자증 원가도적
不討自敗 怨念呪咀不厭歸本 疫癘邪氣不拔自避 善夫
불토자패 원념주저불염귀본 역려사기불발자피 선부
良婦不求自得 賢男美女不祷自生 一切所願任意滿足
량부불구자득 현남미녀불도자생 일체소원임의만족

譯解) "만약 어떤 사람이 복(福)을 구(求)하기 위해 그 탑(塔)

에 이르러서는 꽃 한송이와 향(香) 하나로서 예배공양(禮拜供養)을 올리고 오른쪽으로 돌면서 거닐은 이러한 공덕(功德)으로 말미암아 벼슬자리가 영화(榮華)롭게 빛나니 구(求)하지 않아도 스스로 이루어지게 되고, 수명(壽命)과 부(富)를 기원(祈願)하지 않아도 스스로 증장(增長)되며, 가문(家門)을 원망(怨望)하는 도적(盜賊)이 공격(攻擊)을 하지 않으니 스스로 패(敗)함이 없고, 원한(怨恨)스런 저주(咀呪)로 염(念)하거나 싫어하지 않아서 본래(本來)로 돌아가며, 돌림병이나 나쁜 기운(氣運)에 당하지 않으니 스스로 면(免)해지고, 훌륭한 남편과 어진 아내를 구하지 않더라도 스스로 얻어지며, 어진 아들과 예쁜 딸을 신명(神明)에게 기원(祈願)하지 않아도 스스로 태어나니 일체(一切)의 원(願)하는 바가 뜻한대로 만족(滿足)하게 되느니라."

原文)------------------------------------

若有烏雀鵄梟鳩鴿 鵂鶹狗狼野干蚊虻蟻螻之類 暫來
약유오작치효구합 휴류구랑야간문맹의루지류 잠래
塔影及踏場草 摧破惑障覺悟無明 忽入佛家恣領法財
탑영급답장초 최파혹장각오무명 홀입불가자령법재
況有衆人或見塔形 或聞鐸聲或聞其名 或當其影罪障
황유중인혹견탑형 혹문탁성혹문기명 혹당기영죄장
悉滅所求如意 現世安穩後生極樂

실멸소구여의 현세안온후생극락

譯解) “만약 어떤 까마귀[烏:오], 참새[雀:작], 올빼미[鴟梟:치효], 비둘기[鳩鴿:구합], 부엉이[鵂鶹:휴류], 개[狗:구], 이리[狼:랑], 여우[野干:야간], 모기[蚊:문], 등애[虻:맹], 개미[蟻:의], 땅강아지[螻:루] 무리들이 잠시 보탑(寶塔)의 그늘로 와서 풀밭을 밟게 되면 미혹(迷惑)된 장애(障碍)를 꺾어 부수고 밝지 못한 도리(道理)를 깨달아 홀연(忽然)히 부처님의 가문(家門)에 들어서는 불법(佛法)의 보물(寶物)을 마음대로 거느리게 되느니라. 하물며 여러 사람이 있어서 혹(或) 보탑(寶塔)의 형상(形狀)을 보거나 혹(或) [보탑에 매달린] 풍경(風磬)소리를 듣거나 혹(或) 그 [보탑] 이름을 듣거나 혹(或) 그 [보탑] 그림자를 당면(當面)하게 된다면 죄업(罪業)에 의한 장애(障碍)가 모두 소멸(消滅)되어 구(求)하는 일이 뜻대로 되어서 현(現) 세상(世上)에서는 편안(便安)하고 이후(以後)에는 극락(極樂)에 나게 되느니라.”

原文)------------------------------------

或人隨力以一丸泥塗塔壞壁 運一拳石扶塔礩傾 由此

혹인수력이일환니도탑괴벽 운일권석부탑질경 유차

功德增福延壽 命終之後成轉輪王

공덕증복연수 명종지후성전륜왕

譯解) “혹 사람들이 능력(能力)에 따라 진흙[泥:니] 한 덩어리로 보탑(寶塔)의 무너진 벽을 보수(補修)하거나 주먹만한 돌 하나를 운반(運搬)하여 주춧돌로 삼아 기울어진 보탑(寶塔)을 떠받친다면 이 공덕(功德)으로 말미암아 복(福)은 늘어나고 수명(壽命)이 연장(延長)되어서 목숨을 마친 후에는 전륜성왕(轉輪聖王)이 되느니라.”

原文)---

若我滅後四部弟子 於是塔前濟苦界故 供養香華至心
약아멸후사부제자 어시탑전제고계고 공양향화지심
發願誦念神呪 文文句句放大光明 照觸三途苦具皆辟
발원송념신주 문문구구방대광명 조촉삼도고구개피
衆生脫苦佛種牙萌 隨意往生十方淨土
중생탈고불종아맹 수의왕생시방정토

譯解) “만약 내가 멸도(滅度)한 후에 사부제자(四部弟子)가 이 보탑(寶塔) 앞에서 고통(苦痛)의 세계(世界)를 구제(救濟)하려는 까닭에 향(香)과 꽃으로 공양(供養)하여 지극정성(至極精誠)의 마음으로 발원(發願)하고 [보협인다라니(寶篋印陀羅尼)] 신주(神呪)를 생각하여 외우게 된다면 글과 글 구절(句節)과 구절(句節)이 대광명(大光明)을 놓으니 삼악도(三惡道)에 잇닿아 비추어서는 고통(苦痛)을 갖춘에서 모두 피(避)하게 되어 중생(衆生)들은 고통(苦痛)을 벗고 불종자(佛種子)

를 싹틔워 [그들의] 뜻에 따라 왕생(往生)하여 시방정토(十方淨土)에 나게 되는 것 이니라.”

原文)------------------------------------

若人往在高山峰上至心誦呪 眼根所及 遠近世界 山谷
약인왕재고산봉상지심송주 안근소급 원근세계 산곡
林野江湖河海 其中所有毛羽鱗甲一切生類 碎破惑障
임야강호하해 기중소유모우린갑일체생류 쇄파혹장
覺悟無明 顯現本有三種佛性 畢竟安處大涅槃中 若
각오무명 현현본유삼종불성 필경안처대열반중 약
與此人往過道路 或觸衣風或踏其迹 或唯見面或暫交
여차인왕과도로 혹촉의풍혹답기적 혹유견면혹잠교
語 如是等人重罪咸滅悉地圓滿
어 여시등인중죄함멸실지원만

譯解) 만약 어떤 사람이 높은 산 봉우리위로 가서는 지극(至極)한 마음으로 [보협인다라니(寶篋印陀羅尼)] 주(呪)를 외우게 되면 눈의 기관(機關)이 미치는 멀고 가까운 세계(世界)의 산(山), 골짜기[谷:곡], 수풀[林:림], 들[野:야], 강(江), 호수(湖水), 하천(河川), 바다[海:해]등의 그 속에 살고 있는 털짐승[毛:모]과 날개짐승[羽:우]과 비늘이 있는 동물[鱗:린]과 딱딱한 껍질이 있는 동물[甲:갑]인 모든 종류(種類)의 생물

(生物)들이 미혹(迷惑)된 장애(障碍)를 부수어 깨뜨리고는 밝지 못한 도리(道理)를 깨달아 본래(本來)있는 삼종불성(三種佛性)이 나타나게 되어 필경(畢竟) 편안(便安)한 곳인 대열반(大涅槃) 속으로 들어가나니 만약 이 사람과 더불어 길을 지나가거나 혹(或)은 바람에 날리는 옷자락에 닿거나 혹(或)은 그의 자취를 밟거나 혹(或)은 얼굴만이라도 보거나 혹(或)은 잠시(暫時)라도 말을 주고받게 된다면 이와같은 부류(部類)의 사람들은 중(重)한 죄가 감소(減少)하거나 사라져서 모두 원만(圓滿)한 경지(境地)에 이르게 되느니라.

原文)---

爾時佛告金剛手言 今此秘密神呪經典付囑汝等 尊重
이시불고금강수언 금차비밀신주경전부촉여등 존중
護持流布世間 不令衆生傳受斷絶
호지유포세간 불령중생전수단절

譯解) 그때에 부처님께서 금강수보살(金剛手菩薩)에게 이르시기를 "이제 이 비밀(秘密)한 신주(神呪)와 경전(經典)을 너희들에게 맡기어 부탁(付託)하나니 존중(尊重)을 다하여 보호(保護)하고 지녀서는 세상(世上)에 유포(流布)할 것인데 중생(衆生)들이 이어받게 해서는 절대(絶對) 끊어지지 않도록 하여라."

原文)---

金剛手言 我今幸蒙世尊付囑 唯願我等爲報世尊深重
금강수언 아금행몽세존부촉 유원아등위보세존심중
恩德 晝夜護持流布宣揚一切世間 若有衆生書寫受持
은덕 주야호지유포선양일체세간 약유중생서사수지
憶念不斷 我等麾催釋梵四王龍神八部 晝夜守護不暫
억념부단 아등휘최석범사왕용신팔부 주야수호불잠
捨離
사리

譯解) 금강수보살(金剛手菩薩)이 여쭙기를 "제가 지금 세존(世尊)의 부촉(咐囑)을 다행(多幸)스럽게 받았사오니 오직 저희들이 원(願)하여 세존(世尊)의 심중(深重)한 은덕(恩德)을 갚기 위해서라도 밤낮으로 보호(保護)하고 지켜서 모든 세상(世上)에 널리 드러내어 유포(流布)하도록 하겠사옵니다. 만약 어떤 중생(衆生)이 글로 쓰거나 받아 지니거나 마음깊이 새겨 잊지 않고서는 끊어지지 않게 한다면 저희들이 제석천왕(帝釋天王)과 범천왕(梵天王)과 사천왕(四天王)과 팔부용신(八部龍神)들을 호령(號令)하여 재촉해서는 밤낮으로 수호(守護)하도록 하게하고 잠시(暫時)라도 [중생들이] 모든 것을 버리고 집착(執着)하지 않게하여 번뇌(煩惱)에서 떠나도록 하겠사옵니다"

原文)--

佛言善哉金剛手 汝爲未來世一切衆生大利益故 護持
불언선재금강수 여위미래세일체중생대이익고 호지
此法令不斷絶 爾時世尊 說此寶篋印陀羅尼廣作佛事 然
차법령부단절 이시세존 설차보협인다라니광작불사 연
後往彼婆羅門家受諸供養 令時人天獲大福利却還所住
후왕피바라문가수제공양 령시인천획대복리각환소주

譯解) 부처님께서 말씀하시기를 "훌륭하도다 금강수보살(金剛手菩薩)이여! 너는 미래세상(未來世上)에 일체중생(一切衆生)들을 크게 이익(利益)되게 하려는 까닭에 보호(保護)하고 지켜서 이 법(法)이 절대(絶對) 끊어지지 않게 하려는 구나." 그때 세존(世尊)께서 "이 보협인다라니(寶篋印陀羅尼)로 널리 불사(佛事)를 지어라" 말씀하시고 난 후(後)에 저 바라문(婆羅門)의 집으로 가셔서 모든 공양(供養)을 받으셨다. 이때에 사람[人:인]과 하늘[天:천]은 큰 복(福)과 이익(利益)됨을 얻고서 물러나 머무르는 곳으로 돌아갔다.

原文)--

爾時大衆比丘比丘尼優婆塞優婆夷 天龍夜叉犍闥婆阿修
이시대중비구비구니우바새우바이 천룡야차건달바아수
羅迦樓羅緊那羅摩睺羅伽人非人等 皆大歡喜信受奉行

라가루라긴나라마후라가인비인등 개대환희신수봉행

譯解) 그때에 대중(大衆)인 비구(比丘), 비구니(比丘尼), 우바새(優婆塞), 우바이(優婆夷), 천(天), 룡(龍), 야차(夜叉), 건달바(犍闥婆), 아수라(阿修羅), 가루라(迦樓羅), 긴나라(緊那羅), 마후라가(摩睺羅伽), 사람모습 같으나 사람아닌 존재[非人:비인]등이 모두 크게 기뻐하며 믿음으로 받아서 받들어 행(行)하였다.

(별도첨부내용)--

1. 보협인다라니 범어원음[로마나이즈표기]---불공역본(不空譯本)

Namah: striya dhvikanām.(1)
Sarva tathāgatanām.(2)
Om.(3)
Bhuvibha vadavari(4)
Vacari(5)
Vacat.ai(6)
Suru suru dhara dhara(7)
Sarva tathāgata(8)
Dhātudhari padmam. bhavati(9)
Jayavari(10)
Mudri smara(11)
Tathāgata dharma cakra(12)
Pravarttana vajri bodhi man.da(13)
Lum.kara(14)
Lum.kr.te(15)
Sarva tathāgatā dhis.t.ite(16)
Bodhaya bodhaya(17)
Bodhi bodhi(18)
Buddhya buddhya(19)
Sam.bodhani sam.bodhaya(20)
Cala cala(21)

Calam.tu(22)
Sarva varan.ani(23)
Sarva pāpavigate(24)
Huru huru(25)
Sarva `sokavigate(26)
Sarva tathāgata(27)
Hr.daya vajran.i(28)
Sam.bhara sam.bhara(29)
Sarva tathāgata(30)
Guhya dharan.i mudri(31)
Buddhe subuddhe(32)
Sarva tathāgatā dhis.t.ita(33)
Dhātu garbhe svāhā(34)
Samayā dhis.t.ite svāhā(35)
Sarva tathāgata hr.daya dhātumudri svāhā(36)
Supra tis.t.ita stubhe tathāgatā dhis.t.ite huru huru hūm. hūm. svāhā(37)
Om. sarva tathāgata(38)
Us.n.īs.a dhātu mudrān.i sarva tathāgatam. sadha tuvi bhus.itā dhis.t.ite(39)
Hūm. hūm. svāhā(40)

(별도첨부내용)---------------------------------------

2. 보협인다라니 범어원음[한글표기]---불공역본(不空譯本)

나막 스뜨리야 디위까남(1)
사르와 따타가따남(2)
옴(3)
뷰위바 와다와리(4)
와짜리(5)
와짜따이(6)
수루 수루 다라 다라(7)
사르와 따타가따(8)
다뚜다리 빠드맘 바와띠(9)
자야와리(10)
무드리 스마라(11)
따타가따 다르마 짜끄라(12)
쁘라와르따나 와즈리 보디 만다(13)
룸까라(14)
룸끄리떼(15)
사르와 따타가따 디쓰띠떼(16)
보다야 보다야(17)
보디 보디(18)
붇디야 붇디야(19)
삼보다니 삼보다야(20)
짜라 짜라(21)
짜람뚜(22)

사르와 와라나니(23)
사르와 빠빠위가떼(24)
후루 후루(25)
사르와 쇼까위가떼(26)
사르와 따타가따(27)
흐리다야 와즈라니(28)
삼바라 삼바라(29)
사르와 따타가따(30)
구희야 다라니 무드리(31)
붇데 수붇데(32)
사르와 따타가따 디쓰띠따(33)
다뚜 가르베 스와하(34)
사마야 디쓰띠떼 스와하(35)
사르와 따타가따 흐리다야 다뚜무드리 스와하(36)
수쁘라 띠쓰띠따 스뚜베 따타가따 디쓰띠떼 후루 후루 훔 훔 스와하(37)
옴 사르와 따타가따(38)
우쓰니싸 다뚜 무드라니 사르와 따타가땀 사다 뚜위부씨따 디쓰띠떼(39)
훔 훔 스와하(40)

千手陀羅尼
천수다라니

3)

千手陀羅尼
천수다라니

(천수다라니의 출처경전)

千手千眼觀世音菩薩廣大圓滿無碍大悲心陀羅尼經
천수천안관세음보살광대원만무애대비심다라니경

唐西天竺沙門伽梵達摩譯
당서천축사문가범달마역

一. 序分(서분)

(1) 대비심다라니(大悲心陀羅尼)의 회상(會上)

原文)-----------------------------------

如是我聞 一時 釋迦牟尼佛 在補陀落迦山 觀世音宮
여시아문 일시 석가모니불 재보타락가산 관세음궁
殿 寶莊嚴道場中 坐寶師子座 其座純以無量雜摩尼

전 보장엄도량중 좌보사자좌 기좌순이무량잡마니
寶 而用莊嚴 百寶幢旛 周匝懸列 爾時 如來於彼座
보 이용장엄 백보당번 주잡현례 이시 여래어피좌
上 將欲演說總持陀羅尼故 與無央數菩薩摩訶薩俱
상 장욕연설총지다라니고 여무앙수보살마하살구

譯解) 이와같이 나는 들었다. 한때에 석가모니(釋迦牟尼) 부처님께서는 보타락가산(補陀落迦山)에 계시었는데 관세음궁전(觀世音宮殿) 보배로 장엄(莊嚴)된 도량(道場)가운데 보배로운 사자(師子)자리에 앉아 계시니 그 자리는 맑고 헤아릴 수 없는 마니보주(摩尼寶珠)가 섞여서 장엄(莊嚴)되어 있었으며 백(百)가지 보배로운 깃발이 두루 매달려 있었다. 그때에 여래(如來)께서는 그 자리위에서 문득 총지다라니(總持陀羅尼)를 연설(演說)하시고자 하는 까닭에 더불어 헤아릴 수 없이 많은 보살마하살(菩薩摩訶薩)과 함께 계셨다.

原文)--
其名曰 總持王菩薩 寶王菩薩 藥王菩薩 藥上菩薩
기명왈 총지왕보살 보왕보살 약왕보살 약상보살
觀世音菩薩 大勢至菩薩 華嚴菩薩 大莊嚴菩薩 寶藏
관세음보살 대세지보살 화엄보살 대장엄보살 보장
菩薩 德藏菩薩 金剛藏菩薩 虛空藏菩薩 彌勒菩薩

보살 덕장보살 금강장보살 허공장보살 미륵보살

普賢菩薩 文殊師利菩薩 如是等菩薩摩訶薩 皆是灌

보현보살 문수사리보살 여시등보살마하살 개시관

頂大法王子

정대법왕자

譯解) 그 이름을 말하면 총지왕보살(總持王菩薩), 보왕보살(寶王菩薩), 약왕보살(藥王菩薩), 약상보살(藥上菩薩), 관세음보살(觀世音菩薩), 대세지보살(大勢至菩薩), 화엄보살(華嚴菩薩), 대장엄보살(大莊嚴菩薩), 보장보살(寶藏菩薩), 덕장보살(德藏菩薩), 금강장보살(金剛藏菩薩), 허공장보살(虛空藏菩薩), 미륵보살(彌勒菩薩), 보현보살(普賢菩薩), 문수사리보살(文殊師利菩薩) 이와같은 보살마하살(菩薩摩訶薩)들은 모두 관정대법왕자(灌頂大法王子)이셨다.

原文)--------------------------------------

又與無量無數大聲聞僧 皆行阿羅漢十地 摩訶迦葉

우여무량무수대성문승 개행아라한십지 마하가섭

而為上首 又與無量梵摩羅天 善吒梵摩 而為上首 又

이위상수 우여무량범마라천 선타범마 이위상수 우

與無量欲界諸天子俱 瞿婆伽天子 而為上首 又與無

여무량욕계제천자구 구파가천자 이위상수 우여무
量護世四王俱 提頭賴吒 而為上首
량호세사왕구 제두뢰타 이위상수

譯解) 또한 헤아릴 수 없이 무수(無數)한 대성문승(大聲聞僧)과 더불어 계셨는데 모두는 아라한(阿羅漢) 십지(十地)의 행(行)을 하였으니 마하가섭(摩訶迦葉)이 상수(上首)가 되었으며, 또한 헤아릴 수 없는 범마라천(梵摩羅天)과 더불어 계셨으니 선타범마(善吒梵摩)가 상수(上首)가 되었으며, 또한 헤아릴 수 없는 욕계(欲界)의 모든 천자(天子)가 함께 더불어 계셨으니 구파가천자(瞿婆伽天子)가 상수(上首)가 되었으며, 또한 헤아릴 수 없는 호세사왕(護世四王)과 함께 더불어 계셨으니 제두뢰타(提頭賴吒)가 상수(上首)가 되었으며,

原文)--
又與無量天 龍 夜叉 乾闥婆 阿修羅 迦樓羅 緊那羅
우여무량천 용 야차 건달바 아수라 가루라 긴나라
摩睺羅伽 人 非人等俱 天德大龍王 而為上首 又與
마후라가 인 비인등구 천덕대용왕 이위상수 우여
無量欲界諸天女俱 童目天女 而為上首 又與無量虛
무량욕계제천녀구 동목천녀 이위상수 우여무량허
空神 江海神 泉源神 河沼神 藥草神 樹林神 舍宅神

공신 강해신 천원신 하소신 약초신 수림신 사택신
水神 火神 地神 風神 土神 山神 石神 宮殿等神 皆
수신 화신 지신 풍신 토신 산신 석신 궁전등신 개
來集會
래집회

譯解) 또한 헤아릴 수 없는 천(天), 용(龍), 야차(夜叉), 건달바(乾闥婆), 아수라(阿修羅), 가루라(迦樓羅), 긴나라(緊那羅), 마후라가(摩睺羅伽), 사람[人:인], 사람모습 같으나 사람아닌 존재[非人:비인]들과 함께 더불어 계셨으니 천덕대용왕(天德大龍王)이 상수(上首)가 되었으며, 또한 헤아릴 수 없는 욕계(欲界)의 모든 천녀(天女)와 함께 더불어 계셨으니 동목천녀(童目天女)가 상수(上首)가 되었으며, 또한 헤아릴 수 없는 허공신(虛空神), 강해신(江海神), 천원신(泉源神), 하소신(河沼神), 약초신(藥草神), 수림신(樹林神), 사택신(舍宅神), 수신(水神), 화신(火神), 지신(地神), 풍신(風神), 토신(土神), 산신(山神), 석신(石神), 궁전신(宮殿神)들이 모두 와서 법회(法會)에 모였다.

原文)---
時觀世音菩薩 於大會中密放神通 光明照曜十方刹土
시관세음보살 어대회중밀방신통 광명조요시방찰토

及此三千大千世界皆作金色 天宮 龍宮 諸尊神宮 皆
급차삼천대천세계개작금색 천궁 용궁 제존신궁 개
悉震動 江河 大海 鐵圍山 須彌山 土山 黑山 亦皆
실진동 강하 대해 철위산 수미산 토산 흑산 역개
大動 日月 珠火 星宿之光 皆悉不現
대동 일월 주화 성숙지광 개실불현

譯解) 그때에 관세음보살(觀世音菩薩)께서 대법회(大法會) 가운데 계시면서 은밀(隱密)하게 신통(神通)을 놓으시니 광명(光明)은 시방국토(十方國土)를 비추었고 이와함께 삼천대천세계(三千大天世界)는 모두 금색(金色)으로 되었으며 천궁(天宮)과 용궁(龍宮)과 모든 존귀(尊貴)한 신궁(神宮)이 모두다 진동(震動)을 하였고 강하(江河), 대해(大海), 철위산(鐵圍山), 수미산(須彌山), 토산(土山), 흑산(黑山)이 또한 모두 크게 진동(震動)을 하였으니 일월(日月), 주화(珠火), 성숙(星宿)의 빛이 모두다 나타날 수가 없었다.

原文)-------------------------------------
於是總持王菩薩 見此希有之相 怪未曾有 即從座起
어시총지왕보살 견차희유지상 괴미증유 즉종좌기
叉手合掌 以偈問佛 如此神通之相 是誰所放 以偈問
차수합장 이게문불 여차신통지상 시수소방 이게문

曰
왈

譯解) 이에 총지왕보살(總持王菩薩)이 이렇게 희유(希有)한 모습을 보고는 일찍이 없었던 괴상(怪狀)한 현상(現象)에 곧 자리에서 일어나 두 손을 합장(合掌)하고 게송(偈頌)으로 부처님께 여쭈어 이와같이 신통(神通)한 모습을 누가 나투었나이까? 하면서 게송(偈頌)으로 여쭈어 말씀하니,

原文)---

誰於今日成正覺 普放如是大光明
수어금일성정각 보방여시대광명
十方刹土皆金色 三千世界亦復然
시방찰토개금색 삼천세계역부연
誰於今日得自在 演放希有大神力
수어금일득자재 연방희유대신력
無邊佛國皆震動 龍神宮殿悉不安
무변불국개진동 용신궁전실불안
今此大衆咸有疑 不測因緣是誰力
금차대중함유의 불측인연시수력
為佛菩薩大聲聞 為梵魔天諸釋等

위불보살대성문 위범마천제석등
唯願世尊大慈悲 說此神通所由以
유원세존대자비 설차신통소유이

譯解)
누가 오늘 정각(正覺)을 이루었기에
두루 이와같은 대광명(大光明)을 놓으시어

시방국토(十方國土) 모두가 금색(金色)으로 변(變)하고
삼천대천세계(三千大天世界) 또한 다시 그러하나이까?

누가 오늘 자재(自在)함을 얻었기에
멀리까지 희유(稀有)한 대신력(大神力)을 놓으시어

끝없는 불국토(佛國土) 모두가 진동(震動)하고
용신(龍神)들의 궁전(宮殿)이 모두 불안(不安)하나이까?

이제 지금 대중(大衆) 모두가 의문(疑問)이 있사오니
헤아릴 수 없는 인연(因緣)은 누구의 능력(能力)이나이까?

불보살(佛菩薩)과 대성문(大聲聞)과
범천(梵天)과 마왕(魔王)과 하늘[天:천]과 제석(諸釋)들이

오직 세존(世尊)께 원(願)하옵건데 대자비(大慈悲)로서 이러한 신통(神通)이 연유(緣由)한 바를 설(說)하여 주시옵소서.

原文)------------------------------------

佛告總持王菩薩言 善男子 汝等當知 今此會中 有一
불고총지왕보살언 선남자 여등당지 금차회중 유일
菩薩摩訶薩 名曰觀世音自在 從無量劫來 成就大慈
보살마하살 명왈관세음자재 종무량겁래 성취대자
大悲 善能修習無量陀羅尼門 為欲安樂諸衆生故 密
대비 선능수습무량다라니문 위욕안락제중생고 밀
放如是大神通力
방여시대신통력

譯解) 부처님께서 총지왕보살(總持王菩薩)에게 말씀으로 이르시기를 훌륭한 남자여! 그대들은 마땅히 알라! 지금 이 법회(法會) 가운데는 한 보살마하살(菩薩摩訶薩)이 있으니 이름을 말하자면 관세음자재(觀世音自在)이니라 헤아릴 수 없는 겁(劫)의 세월(歲月)을 좇아 대자대비(大慈大悲)를 성취(成就)하여 왔으며 헤아릴 수 없는 다라니문(陀羅尼門)을 능(能)히 잘 닦아 익혀 왔기에 모든 중생(衆生)들을 안락(安樂)하게 하고자하는 까닭으로 비밀(秘密)스럽게 이와같은 대신통력(大神通力)을 놓았느니라.

二. 正宗分(정종분)

(1) 다라니(陀羅尼)와 관세음보살(觀世音菩薩)의 본원력(本原力)

原文)--

佛說是語已 爾時 觀世音菩薩 從座而起 整理衣服
불설시어이 이시 관세음보살 종좌이기 정리의복
向佛合掌 白佛言 世尊 我有大悲心陀羅尼呪 今當欲
향불합장 백불언 세존 아유대비심다라니주 금당욕
說 為諸衆生得安樂故 除一切病故 得壽命故 得富饒
설 위제중생득안락고 제일체병고 득수명고 득부요
故 滅除一切惡業重罪故 離障難故 增長一切白法諸
고 멸제일체악업중죄고 리장난고 증장일체백법제
功德故 成就一切諸善根故 遠離一切諸怖畏故 速能
공덕고 성취일체제선근고 원리일체제포외고 속능
滿足一切諸希求故 惟願世尊 慈哀聽許
만족일체제희구고 유원세존 자애청허

譯解) 부처님께서 설명(說明)하시며 말씀을 마치시니 그때에 관세음보살(觀世音菩薩)께서 자리에서 일어나 의복(衣服)을 단정(端正)하게 정리(整理)하고 부처님을 향(向)하여 합장(合掌)하면서 부처님께 말씀하였다. 세존(世尊)이시여! 저에게 대비심다라니주(大悲心陀羅尼呪)가 있사와 지금 마땅히 설(說)하고자 하옵는데 모든 중생(衆生)들이 안락(安樂)함을 얻게 하고자 하는 까닭이며, 일체(一切)의 병(病)을 없애게 하고자 하는 까닭이며, 수명(壽命)을 얻게 하고자 하는 까닭이며, 부유(富裕)하고 넉넉함을 얻게 하고자 하는 까닭이며, 일체(一切)의 악업중죄(惡業重罪)를 멸(滅)하게 하고자 하는 까닭이며, 장애(障碍)와 난관(難關)을 떠나게 하고자 하는 까닭이며, 일체(一切)의 청정(淸淨)한 법(法)과 모든 공덕(功德)을 증장(增長)시키게 하고자 하는 까닭이며, 일체(一切)의 모든 선근(善根)을 성취(成就)시키게 하고자 하는 까닭이며, 일체(一切)의 모든 두려움을 멀리 떠나게 하고자 하는 까닭이며, 일체(一切)의 모든 바라고 구(求)하는 것을 속히 만족(滿足)하게 하고자 하는 까닭이니, 생각하여 세존(世尊)께 바라옵건데 자애(慈愛)로서 허락(許諾)하여 주시옵소서.

原文)--------------------------------------

佛言 善男子 汝大慈悲 安樂衆生 欲說神呪 今正是
불언 선남자 여대자비 안락중생 욕설신주 금정시
時 宜應速說 如來隨喜 諸佛亦然
시 의응속설 여래수희 제불역연

譯解) 부처님께서 말씀하셨다. 훌륭한 남자여! 그대가 대자비

(大慈悲)로 중생(衆生)들을 안락(安樂)케 하고자 신주(神呪)를 설(說)하려고 하니 지금이 바로 그때라 마땅히 응(應)하여 속(速)히 설(說)하라. 여래(如來)도 따라서 기뻐할 것이며 모든 부처님이 또한 그러하니라.

原文)---

觀世音菩薩重白佛言 世尊 我念過去無量億劫 有佛
관세음보살중백불언 세존 아념과거무량억겁 유불
出世 名曰 千光王靜住如來 彼佛世尊憐念我故 及為
출세 명왈 천광왕정주여래 피불세존련념아고 급위
一切諸衆生故 說此廣大圓滿無礙大悲心陀羅尼 以金
일체제중생고 설차광대원만무애대비심다라니 이금
色手摩我頂上 作如是言 善男子 汝當持此心呪 普為
색수마아정상 작여시언 선남자 여당지차심주 보위
未來惡世一切衆生 作大利樂
미래악세일체중생 작대리락

譯解) 관세음보살(觀世音菩薩)께서 거듭 브처님께 말씀하였다. 세존(世尊)이시여! 제가 헤아릴 수 없는 억겁(億劫)의 지난날을 생각하오니 부처님께서 세상(世上)에 나와 계셨는데 이름을 말하자면 천광왕정주여래(千光王靜住如來)이셨사옵니다. 그 불세존(佛世尊)께서는 저를 불쌍히 생각하는 까닭과

일체(一切)의 모든 중생(衆生)들을 위하시는 까닭에 이 광대원만무애대비심다라니(廣大圓滿無礙大悲心陀羅尼)를 설(說)하시면서 금색(金色)의 손으로 저의 정수리를 어루만지시며 이와같이 말씀하셨습니다. 훌륭한 남자여! 그대는 마땅히 이 심주(心呪)를 지녀서 널리 미래(未來) 악(惡)한 세상(世上)의 일체 중생(衆生)들에게 큰 이익(利益)과 즐거움을 짓도록 하여라.

原文)---

我於是時 始住初地 一聞此呪故 超第八地 我時心歡
아어시시 시주초지 일문차주고 초제팔지 아시심환
喜故 即發誓言 若我當來 堪能利益安樂一切衆生者
희고 즉발서언 약아당래 감능이익안락일체중생자
令我即時 身生千手 千眼具足 發是願已 應時身上
령아즉시 신생천수 천안구족 발시원이 응시신상
千手千眼 悉皆具足 十方大地 六種震動 十方千佛
천수천안 실개구족 시방대지 육종진동 시방천불
悉放光明 照觸我身 及照十方 無邊世界
실방광명 조촉아신 급조시방 무변세계

譯解) 저는 그때에 처음으로 초지보살(初地菩薩)에 머물러 있었으나 이 주(呪)를 한번 들은 까닭에 제(第) 팔지보살(八地

菩薩)로 뛰어 올랐습니다. 저는 그 때 마음이 매우 기쁜 나머지 곧 서원(誓願)을 일으켜 말하기를 만약 제가 오는 세상(世上)에 마땅히 일체(一切) 중생(衆生)들의 이익(利益)과 안락(安樂)을 능(能)히 감당(堪當)할 수 있겠거든 저로 하여금 즉시(卽時) 몸에 천개(千個)의 손이 생기고 천개(千個)의 눈이 만족(滿足)하게 갖추어지이다. 하고 원(願)을 일으켜 마치자 그때에 응(應)하여 몸에는 천개(千個)의 손과 천개(千個)의 눈이 모두 다 갖추어졌으며, 시방(十方)의 대지(大地)가 육종(六種)으로 진동(震動)하고 시방(十方)의 천불(千佛)이 모두 광명(光明)을 놓으셔서 저의 몸을 비추어 줌과 시방(十方)의 끝없는 세계(世界)를 비추었습니다.

原文)--

從是已後 復於無量佛所 無量會中 重更得聞 親承受
종시이후 부어무량불소 무량회중 중경득문 친승수
持是陀羅尼 復生歡喜踊躍無量 便得超越無數億劫微
지시다라니 부생환희용약무량 편득초월무수억겁미
細生死 從是已來 常所誦持 未曾廢忘
세생사 종시이래 상소송지 미증폐망

譯解) 더 나아가 이후(以後)에도 다시 헤아릴 수 없는 부처님 처소(處所)에서나 헤아릴 수 없는 법회(法會) 가운데서나 거듭하여 얻어 듣고 친(親)히 이 다라니(陀羅尼)를 받아 지녀 이어오면서 다시 뛸 듯한 기쁨이 헤아릴 수 없이 생겨나서 편안(便安)하게 무수(無數)한 억겁(億劫)의 미세생사(微細生死)를 초월(超越)하였사옵니다. 더 나아가 미래(未來)에도 항상(恒常) 외워 지닌바, 아직까지 일찍이 폐(廢)하거나 잊은 적이 없었사옵니다.

原文)--

由持此呪故 所生之處 恒在佛前 蓮華化生 不受胎藏
유지차주고 소생지처 항재불전 연화화생 불수태장
之身 若有 比丘 比丘尼 優婆塞 優婆夷 童男 童女
지신 약유 비구 비구니 우파새 우파이 동남 동녀
欲誦持者 於諸衆生起慈悲心 先當從我發如是願
욕송지자 어제중생기자비심 선당종아발여시원

譯解) 이 주(呪)를 지닌 까닭으로 말미암아 태어나는 곳마다 항상(恒常) 부처님 앞에 있으면서 연꽃에 화생(化生)하였고 태장(胎藏)의 몸을 받지 않았습니다. 만약에 어떤 비구(比丘), 비구니(比丘尼), 우바새(優婆塞), 우바이(優婆夷), 동남(童男), 동녀(童女)들이 외워 지니고자 한다면 모든 중생(衆生)들에게는 자비심(慈悲心)을 일으키고 먼저 저를 따라 마땅히 이와같은 원(願)을 일으켜야 하옵니다.

原文)---

南無大悲觀世音 願我速知一切法

나무대비관세음 원아속지일체법

南無大悲觀世音 願我早得智慧眼

나무대비관세음 원아조득지혜안

南無大悲觀世音 願我速度一切衆

나무대비관세음 원아속도일체중

南無大悲觀世音 願我早得善方便

나무대비관세음 원아조득선방편

南無大悲觀世音 願我速乘般若船

나무대비관세음 원아속승반야선

南無大悲觀世音 願我早得越苦海

나무대비관세음 원아조득월고해

南無大悲觀世音 願我速得戒定道

나무대비관세음 원아속득계정도

南無大悲觀世音 願我早登涅槃山

나무대비관세음 원아조등열반산

南無大悲觀世音 願我速會無為舍

나무대비관세음 원아속회무위사

南無大悲觀世音 願我早同法性身

나무대비관세음 원아조동법성신

譯解)

대비관세음(大悲觀世音)께 귀의(歸依)하오니
일체(一切)의 법(法)이 속(速)히 알아지기를 제가 원(願)하나이다.

대비관세음(大悲觀世音)께 귀의(歸依)하오니
지혜(智慧)의 눈이 어서 얻어지기를 제가 원(願)하나이다.

대비관세음(大悲觀世音)께 귀의(歸依)하오니
일체(一切)의 중생(衆生)이 속(速)히 깨달을 수 있기를 제가 원(願)하나이다.

대비관세음(大悲觀世音)께 귀의(歸依)하오니
훌륭한 방편(方便)이 어서 얻어지기를 제가 원(願)하나이다.

대비관세음(大悲觀世音)께 귀의(歸依)하오니
지혜의 배에 속(速)히 오를 수 있기를 제가 원(願)하나이다.

대비관세음(大悲觀世音)께 귀의(歸依)하오니
고해(苦海)를 넘는 것이 어서 얻어지기를 제가 원(願)하나이다.

대비관세음(大悲觀世音)께 귀의(歸依)하오니
계(戒)와 선정(禪定)의 도(道)가 속(速)히 얻어지기를 제가 원

(願)하나이다.

대비관세음(大悲觀世音)께 귀의(歸依)하오니
열반(涅槃)에 오르는 것이 속(速)히 얻어지기를 제가 원(願)하나이다.

대비관세음(大悲觀世音)께 귀의(歸依)하오니
함이 없는 집에 속(速)히 모여지기를 제가 원(願)하나이다.

대비관세음(大悲觀世音)께 귀의(歸依)하오니
법성(法性)의 몸과 어서 함께 되기를 제가 원(願)하나이다.

原文)--

我 若 向 刀 山　刀 山 自 摧 折
아 약 향 도 산　도 산 자 최 절
我 若 向 火 湯　火 湯 自 消 滅
아 약 향 화 탕　화 탕 자 소 멸
我 若 向 地 獄　地 獄 自 枯 竭
아 약 향 지 옥　지 옥 자 고 갈
我 若 向 餓 鬼　餓 鬼 自 飽 滿
아 약 향 아 귀　아 귀 자 포 만
我 若 向 修 羅　惡 心 自 調 伏

아 약 향 수 라　악 심 자 조 복

我 若 向 畜 生　自 得 大 智 慧

아 약 향 축 생　자 득 대 지 혜

譯解)

제가 만약 칼산[刀山]에 향(向)하올지면
칼산[刀山]이 스스로 꺾어지이다.

제가 만약 화탕(火湯)에 향(向)하올지면
화탕(火湯)이 스스로 소멸(消滅)되어지이다.

제가 만약 지옥(地獄)에 향(向)하올지면
지옥(地獄)이 스스로 고갈(枯竭)되어지이다.

제가 만약 아귀(餓鬼)에 향(向)하올지면
아귀(餓鬼)가 스스로 배가 불러지이다.

제가 만약 수라(修羅)에 향(向)하올지면
악(惡)한 마음이 스스로 조복(調伏)하여지이다.

제가 만약 축생(畜生)에 향(向)하올지면
큰 지혜(智慧)가 스스로 얻어지이다.

原文)---

發是願已 至心稱念我之名字 亦應專念我本師阿彌陀

발시원이 지심칭념아지명자 역응전념아본사아미타

如來 然後即當誦此陀羅尼神呪 一宿誦滿五遍 除滅

여래 연후즉당송차다라니신주 일숙송만오편 제멸

身中百千萬億劫生死重罪

신중백천만억겁생사중죄

譯解) 이렇게 원(願)을 일으켜 마치고서는 지극(至極)한 마음으로 저의 이름 글자를 생각하여 부르고 또한 응당(應當)히 저의 본래(本來) 스승이신 아미타(阿彌陀)부처님을 전념(專念)으로 부른 연후(然後)에 이 다라니신주(陀羅尼神呪)를 마땅히 외우기를 하루에 다섯번을 충만(充滿)하게 외우게되면 몸 가운데 백천만억겁(百千萬億劫)의 생사중죄(生死重罪)가 멸(滅)하여 없어지게 되옵니다.

原文)---

觀世音菩薩復白佛言 世尊 若諸人天誦持大悲章句者

관세음보살부백불언 세존 약제인천송지대비장구자

臨命終時 十方諸佛皆來授手 欲生何等佛土 隨願皆

임명종시 시방제불개래수수 욕생하등불토 수원개

得往生

득왕생

譯解) 관세음보살(觀世音菩薩)께서 거듭 부처님께 말씀하셨다. 세존(世尊)이시여! 만약 모든 사람과 천상(天上)이 대비장구(大悲章句)를 지녀 외운다면 목숨을 마치려 할 때에 시방(十方) 모든 부처님께서 모두 오셔서 손을 내밀어 줄 것인데 어떤 부류(部類)의 불국토(佛國土)에 태어나고자하면 원(願)에 따라 모두 왕생(往生)을 얻게 될 것이옵니다.

原文)--

復白佛言 世尊 若諸衆生誦持大悲神呪 墮三惡道者
부백불언 세존 약제중생송지대비신주 타삼악도자
我誓不成正覺 誦持大悲神呪者 若不生諸佛國者 我
아서불성정각 송지대비신주자 약불생제불국자 아
誓不成正覺 誦持大悲神呪者 若不得無量三昧辯才者
서불성정각 송지대비신주자 약부득무량삼매변재자
我誓不成正覺 誦持大悲神呪者 於現在生中 一切所
아서불성정각 송지대비신주자 어현재생중 일체소
求 若不果遂者 不得為大悲心陀羅尼也 唯除不善 除
구 약불과수자 부득위대비심다라니야 유제불선 제
不至誠 若諸女人 厭賤女身 欲成男子身 誦持大悲陀

부지성 약제여인 염천여신 욕성남자신 송지대비다

羅尼章句 若不轉女身成男子身者 我誓不成正覺 生
라니장구 약부전여신성남자신자 아서불성정각 생

少疑心者 必不果遂也 若諸衆生 侵損常住飮食財物
소의심자 필불과수야 약제중생 침손상주음식재물

千佛出世不通懺悔 縱懺亦不除滅 今誦大悲神呪 即
천불출세불통참회 종참역부제멸 금송대비신주 즉

得除滅 若侵損食用常住飮食財物 要對十方師懺謝
득제멸 약침손식용상주음식재물 요대시방사참사

然始除滅 今誦大悲陀羅尼時 十方師即來為作證明
연시제멸 금송대비다라니시 시방사즉래위작증명

一切罪障 悉皆消滅 一切十惡五逆 謗人謗法 破齋
일체죄장 실개소멸 일체십악오역 방인방법 파재

破戒 破塔壞寺 偷僧祇物汚淨梵行 如是等一切惡
파계 파탑괴사 투승기물오정범행 여시등일체악

業重罪 悉皆滅盡 唯除一事 於呪生疑者 乃至小罪
업중죄 실개멸진 유제일사 어주생의자 내지소죄

輕業 亦不得滅 何況重罪 雖不即滅重罪 猶能遠作
경업 역부득멸 하황중죄 수부즉멸중죄 유능원작

菩提之因
보리지인

譯解) 거듭 부처님께 말씀하였다. 세존(世尊)이시여! 만약 모든 중생(衆生)이 대비신주(大悲神呪)를 지녀 외웠는데도 삼악도(三惡道)에 떨어진다면 저는 맹세코 정각(正覺)을 이루지 않겠사옵니다. 대비신주(大悲神呪)를 지녀 외우는 자(者)가 만약 모든 불국토(佛國土)에 태어나지 않는다면 저는 맹세코 정각(正覺)을 이루지 않겠사옵니다. 대비신주(大悲神呪)를 지녀 외우는 자(者)가 만약 무량삼매(無量三昧)와 말 잘하는 재주를 얻지 못한다면 저는 맹세코 정각(正覺)을 이루지 않겠사옵니다. 대비신주(大悲神呪)를 지녀 외우는 자(者)가 현재(現在) 태어나있는 가운데서 일체(一切) 구(求)하는 바를 만약 결과(結果)로서 이루지 못한다면 대비심다라니(大悲心陀羅尼)를 또한 얻지 못한 것이라 할 수 있겠으나 오직 잘하지 아니한 것은 제외(除外)하고 지극정성(至極精誠)이 없으면 제외(除外)하겠사옵니다. 만약 모든 여인(女人)이 여자(女子)의 몸을 천(賤)하게 여기고 싫어하여 다음 생(生)에 남자(男子)의 몸이 되고자 하여 대비다라니장구(大悲陀羅尼章句)를 지녀 외웠으나 만약 여자(女子)의 몸에서 남자(男子)의 몸으로 되지 않는다면 저는 맹세코 정각(正覺)을 이루지 않겠사옵니다. 비난(非難)하거나 의심(疑心)함이 생기는 자(者)는 반드시 결과적(結果的)으로 또한 이루지 못할 것이옵니다. 만약 모든 중생(衆生)이 절의 음식(飮食)이나 재물(財物)들을 침해(侵害)하여 손해(損害)를 끼쳤다면 천불(千佛)이 출세(出世)하도록 참회

(懺悔)로서도 통(通)하지 않아 설령(設令) 뉘우 칠 지라도 또 한 멸(滅)할 수 없을 것이나 이제 대비신주(大悲神呪)를 외운다면 곧 죄(罪)가 사라지게 되옵니다. 만약 절의 음식(飮食)을 축내고 재물(財物)들을 침해(侵害)하여 손해(損害)를 끼쳤을 때 반드시 시방(十方)의 스승 앞에 뉘우쳐 보답(報答)하면 비로소 소멸(消滅)되고 이제 대비다라니(大悲陀羅尼)를 외울 때에 시방(十方)의 스승이 즉시(卽時)에 오시어 증명(證明)을 하게되어 일체(一切) 죄(罪)의 장애(障碍)가 코두다 소멸(消滅)되옵니다. 일체(一切)의 십악오역죄(十惡五逆罪)와 사람을 비방(誹謗)하고 법(法)을 비방하거나, 재(齋)를 깨뜨리고 계(戒)를 깨뜨리거나, 탑(塔)을 깨뜨리고 절을 허물거나, 승가(僧家)에 딸린 재물(財物)을 훔쳐서 청정(淸淨)한 범행(梵行)을 더럽히거나, 이와같은 일체(一切)의 악업중죄(惡業重罪)들은 모두다 소멸(消滅)되옵니다. 오직 한 가지 일만은 제하오니 다라니주(陀羅尼呪)에 의심(疑心)을 내는 자(者) 이옵니다. 의심(疑心)을 내는 자(者)는 심지어 작은 죄(罪)나 가벼운 업(業) 또한 없앨 수 없을 것인데 하물며 중죄(重罪)이오리까! 설령(設令) 중죄(重罪)는 없앨 수 없더라도 다라니주(陀羅尼呪)를 외운 연고(緣故)로 여전히 깨달음의 먼 인연(因緣)은 짓게 되옵니다.

原文)---------------------------------------

復白佛言 世尊 若諸人天 誦持大悲心呪者 得十五種
부백불언 세존 약제인천 송지대비심주자 득십오종
善生 不受十五種惡死也 其惡死者
선생 불수십오종악사야 기악사자

譯解) 거듭 부처님께 말씀하였다. 세존(世尊)이시여! 만약 모든 사람과 천상(天上)이 대비심주(大悲心呪)를 지녀서 외운다면 열다섯 종류(種類)의 훌륭한 낳음을 얻게되며 열다섯 종류(種類)의 악(惡)한 죽음을 또한 받지 않사옵니다. 그 악(惡)한 죽음을 받지 않는다 함은,

原文)---
一者 不令其飢餓困苦死
일자 불령기기아곤고사
二者 不為枷禁杖楚死
이자 불위가금장초사
三者 不為怨家讐對死
삼자 불위원가수대사
四者 不為軍陣相殺死
사자 불위군진상살사
五者 不為豺狼惡獸殘害死

오자 불위시랑악수잔해사
六者 不為毒蛇蚖蠍所中死
육자 불위독사원갈소중사
七者 不為水火焚漂死
칠자 불위수화분표사
八者 不為毒藥所中死
팔자 불위독약소중사
九者 不為蠱毒害死
구자 불위고독해사
十者 不為狂亂失念死
십자불위광란실염사
十一者 不為山樹崖岸墜落死
십일자 불위산수애안추락사
十二者 不為惡人厭魅死
십이자 불위악인염매사
十三者 不為邪神惡鬼得便死
십삼자 불위사신악귀득편사
十四者 不為惡病纏身死
십사자 불위악병전신사
十五者 不為非分自害死
십오자 불위비분자해사

誦持大悲神呪者 不被如是十五種惡死也
송지대비신주자 불피여시십오종악사야

譯解)
첫째는 굶주리는 괴로움으로 고통(苦痛)스럽게 죽지 아니하며,

둘째는 목에 씌운 형틀에 결박(結縛)되거나 몽둥이로 매질당하여 죽지 아니하며,

셋째는 원한(怨恨)을 품은 사람을 만나 앙갚음을 당하여 죽지 아니하며,

넷째는 전쟁(戰爭)터에서 서로 살생(殺生)하면서 죽지 아니하며,

다섯째는 승냥이[豺:시]나 이리[狼:랑]의 악한 짐승에게 잔인(殘忍)하게 해(害)를 입어 죽지 아니하며,

여섯째는 독사(毒蛇)나 전갈[蚖蠍:원갈]에게 물려 죽지 아니하며,

일곱째는 물에 떠내려가거나 불에 타서 죽지 아니하며,

여덟째는 독약(毒藥)을 먹어서 죽지 아니하며,
아홉째는 뱃속 기생충(寄生蟲)에게 해(害)를 입어 죽지 아니하며,

열째는 미치거나 실성(失性)하여 죽지 아니하며,

열한째는 산이나 나무나 낭떠러지에서 떨어져 죽지 아니하며,

열두째는 악(惡)한 사람이나 가위눌리는 요괴(妖怪)에게 죽지 아니하며,

열셋째는 재앙(災殃)을 내리는 신(神)이나 악한 귀신(鬼神)에게 갑자기 죽지 아니하며,

열넷째는 악한 병(病)이 몸에 달라붙어 죽지 아니하며,

열다섯째는 비명(非命)이나 자살(自殺)로 죽지 않사옵니다.

이와같이 대비신주(大悲神呪)를 지녀서 외운다면 열다섯 종류의 악한 죽음을 당하지 않사옵니다.

原文)--

得 十 五 種 善 生 者

득십오종선생자
一者 所生之處 常逢善王
일자 소생지처 상봉선왕
二者 常生善國
이자 상생선국
三者 常値好時
삼자 상치호시
四者 常逢善友
사자 상봉선우
五者 身根常得具足
오자 신근상득구족
六者 道心純熟
육자 도심순숙
七者 不犯禁戒
칠자 불범금계
八者 所有眷屬 恩義和順
팔자 소유권속 은의화순
九者 資具財食 常得豐足
구자 자구재식 상득풍족
十者 恒得他人 恭敬扶接
십자 항득타인 공경부접

十一者 所有財寶 無他劫奪
십일자 소유재보 무타겁탈
十二者 意欲所求 皆悉稱遂
십이자 의욕소구 개실칭수
十三者 龍天善神 恒常擁衛
십삼자 용천선신 항상옹위
十四者 所生之處 見佛聞法
십사자 소생지처 견불문법
十五者 所聞正法 悟甚深義
십오자 소문정법 오심심의
若有誦持大悲心陀羅尼者 得如是等十五種善生也 一
약유송지대비심다라니자 득여시등십오종선생야 일
切天人 應常誦持 勿生懈怠
체천인 응상송지 물생해태

譯解)

열다섯 종류의 훌륭하게 태어나는 것을 얻게된다 함은,

첫째는 태어나는 곳마다 항상 훌륭한 왕(王)을 만나게 되며,

둘째는 항상 훌륭한 나라에 태어나게 되며,

셋째는 항상 좋은 때를 만나게 되며,

넷째는 항상 훌륭한 벗을 만나게 되며,

다섯째는 몸의 기관(器官)이 항상 만족(滿足)히 갖추어지게 되며,

여섯째는 도(道)를 행(行)하는 마음이 순숙(純熟)되어지게 되며,

일곱째는 금(禁)해야 할 계율(戒律)을 범(犯)하지 않게 되며,

여덟째는 권속(眷屬)들이 있는바, 은혜(恩惠)로움과 의로움과 조화(造化)로움에 순응(順應)하게 되며,

아홉째는 살림살이 도구(道具)와 재물(財物)과 음식(飮食)이 항상(恒常) 풍족(豊足)함을 얻게 되며,

열째는 항상(恒常) 다른 사람에게 공경(恭敬)스러움을 얻게 되며,

열한째는 재물(財物)과 보화(寶貨)가 있는바, 다른 사람에 의해 겁박(劫迫)당하여 빼앗기지 않게 되며,

열두째는 뜻 한대로 구(求)하고자 하는바, 훌륭하게 이루어지게 되며,

열셋째는 용(龍)과 천상(天上)과 선신(善神)이 항상(恒常) 호위(護衛)하게 되며,

열넷째는 태어나는 곳마다 부처님을 뵙고 법(法)을 듣게 되며,

열다섯째는 정법(正法)을 들은바, 매우 깊고 바른 도리(道理)를 깨닫게 되옵니다.

만약 대비심다라니(大悲心陀羅尼)를 지녀서 외우는 자(者)가 있다면, 이와같은 열다섯 종류(種類)의 훌륭한 태어남을 또한 얻게 되옵나니, 일체(一切)의 천상(天上)과 사람은 응당(應當)히 항상(恒常) 지녀서 외우고 게으름을 피우지 말아야 할 것이옵니다.

原文)---

觀世音菩薩說是語已 於衆會前 合掌正住 於諸衆生
관세음보살설시어이 어중회전 합장정주 어제중생
起大悲心 開顔含笑 即說如是廣大圓滿無礙大悲心大
기대비심 개안함소 즉설여시광대원만무애대비심대

陀羅尼神妙章句 陀羅尼曰
다라니신묘장구 다라니왈

譯解) 관세음보살(觀世音菩薩)께서 설명(說明)하여 말씀을 마치시고는 모여있는 대중(大衆)들 앞에 바르게 머무르면서 합장(合掌)하여 모든 대중(大衆)들에게 대비심(大悲心)을 일으키고는 미소(微笑)를 머금은 얼굴을 열어 보이시며 곧 이와같은 광대원만무애대비심다라니신묘장구(廣大圓滿無礙大悲心大陀羅尼神妙章句)를 설(說)하시니 다라니(陀羅尼)를 말하자면,

(2) 우리나라 현행(現行) 천수대비주(千手大悲呪)의 근원(根源)과 범어원음(梵語原音)의 활용(活用)

(첨부설명)--

결론(結論)부터 말하자면 현재(現在) 우리에게 암송(暗誦)되고 있는 천수대비주(千手大悲呪)는 "중인도(中印度) 금강지역본(金剛智譯本)의 범어천수대비주(梵語千手大悲呪)가 주본(主本)이 되어--->당(唐) 현장법사(玄奘法師)에 의해 한역화(漢譯化)되었고--->그 이후(以後) 우리나라에서는 안심사본(安心寺本)을 거쳐--->밀교진언(密敎眞言) 보급차원(普及次元)에서 보완(補完)하여 재(再) 간행(刊行)된 조선시대(朝鮮時代) 망월사본(望月寺本)의 범자(梵字)와 한자(漢字)와 훈민정음의 한글로 함께 실려져 있는 천수대비주(千手大悲呪)에서--->훈민정음의 한글발음을 그대로 차용(借用)해 옮겨 온 것이 현행(現行) 천수대비주(千手大悲呪)가 됨을 확인(確認)해 볼 수 있었다." 본

서(本書)에서 역해(譯解)하고 있는 천수천안관세음보살광대원만무애대비심다라니경(千手千眼觀世音菩薩廣大圓滿無礙大悲心陀羅尼經)에 실려져있는 천수대비주(千手大悲呪)는 서인도(西印度) 가범달마역본(伽梵達摩譯本)에 해당되며 이 경전(經典)의 내용(內容)안에 다음과 같이 83구절(句節)의 천수대비주(千手大悲呪)가 실려 있습을 확인(確認)해 볼 수 있었다. 그러나 어떤 이유(理由)에서였는지 우리나라에서는 가범달마역본(伽梵達摩譯本)의 천수대비주(千手大悲呪)는 암송(暗誦)되어 오지 않고 대장경(大藏經)안에 오로지 대비주(大悲呪)만 기술(記述)되어있는 금강지역본(金剛智譯本)의 천수대비주(千手大悲呪)에서 절반가량(折半假量)의 구절(句節)만 부분발췌(部分拔萃)되어 우리식의 발음(發音)으로 암송(暗誦)되어 전(傳)해오고 있습을 살펴 볼 수 있었다.

(참고)가범달마역본(伽梵達摩譯本)의 천수대비주(千手大悲呪) 한역본(漢譯本)

南無喝囉怛那哆囉夜耶(1) 南無阿唎耶(2) 婆盧羯帝爍鉢囉耶(3) 菩提薩埵婆耶(4) 摩訶薩埵婆耶(5) 摩訶迦盧尼迦耶(6) 唵(7) 薩皤囉罰曳(8) 數怛那怛寫(9) 南無悉吉利埵伊蒙阿利耶(10) 婆盧吉帝室佛羅楞馱婆(11) 南無那囉謹墀(12) 醯唎摩訶皤哆沙咩(13) 薩婆阿他豆輸朋(14) 阿逝孕(15) 薩婆薩哆那摩婆薩哆那摩婆伽(16) 摩罰特豆(17) 怛姪他(18) 唵 阿婆盧醯(19) 盧迦帝(20) 迦羅帝(21) 夷醯唎(22) 摩訶菩提薩埵(23) 薩婆薩婆(24) 摩囉摩囉(25) 摩醯摩醯唎馱孕(26) 俱盧俱盧羯蒙(27) 度盧度盧罰闍耶帝(28) 摩訶罰闍耶帝(29) 陀囉陀囉(30) 地唎尼(31) 室佛囉耶(32) 遮囉遮囉(33) 摩摩罰摩囉(34) 穆帝隸(35) 伊醯伊醯(36) 室那室那(37) 阿囉參佛囉舍利(38) 罰沙罰參(39) 佛囉舍耶(40) 呼盧呼盧摩囉(41) 呼盧呼盧醯唎(42) 娑囉娑囉(43) 悉唎悉唎(44) 蘇盧蘇盧(45) 菩提夜菩提夜(46) 菩馱夜菩馱夜(47) 彌帝唎夜(48) 那囉謹墀(49) 地利瑟尼那(50)

娑夜摩那(51) 娑婆訶(52) 悉陀夜(53) 娑婆訶(54) 摩訶悉陀夜(55) 娑婆訶(56) 悉陀喻藝(57) 室皤囉夜(58) 娑婆訶(59) 那囉謹墀(60) 娑婆訶(61) 摩囉那囉(62) 娑婆訶(63) 悉囉僧阿穆佉耶(64) 娑婆訶(65) 娑婆摩訶阿悉陀夜(66) 娑婆訶(67) 者吉囉阿悉陀夜(68) 娑婆訶(69) 波陀摩羯悉陀夜(70) 娑婆訶(71) 那囉謹墀皤伽囉耶(72) 娑婆訶(73) 摩婆利勝羯囉耶(74) 娑婆訶(75) 南無喝囉怛那哆囉夜耶(76) 南無阿唎耶(77) 婆羅吉帝爍皤囉耶(78) 娑婆訶(79) 唵悉殿都(80) 漫多囉(81) 跋陀耶(82) 娑婆訶(83)

현재(現在) 중국(中國)과 대만(臺灣) 등지에서는 가범달마역본(伽梵達摩譯本)과 원문내용(原文內容)이 같은 불공역본(不空譯本)의 천수대비주(千手大悲呪)가 성행(盛行)하고 있고 또한 금강지역본(金剛智譯本)의 천수대비주(千手大悲呪) 전문(全文)이 많이 유통(流通)되고 있슴을 알 수 있었는데 현재(現在) 우리나라에서는 금강지역본(金剛智譯本)의 천수대비주(千手大悲呪)를 저본(底本)으로 하여 전체(全體) 113구절(句節)의 원문내용(原文內容) 중에서 절반(折半)의 분량(分量)에 해당(該當)하는 약 54구절(句節) 정도(程度)만이 부분발췌(部分拔萃)되어 기술(記述)되어 있으면서 대비주(大悲呪) 후반부(後半部)에서는 순서(順序)가 조금 뒤바뀐 구절(句節)도 몇 있었으나 이는 전(傳)해 내려오는 과정(過程)에 수정(修整)을 일부(一部) 가(加)하면서 오류(誤謬)가 생긴 것으로 추측(推測)해 보았다. 금강지역본(金剛智譯本)이 바탕이 되어 천수대비주(千手大悲呪)로서 자리잡아 오래전부터 우리나라의 많은 사람들에게 암송(暗誦)되어 전(傳)해오고 있었슴을 확인해 볼 수 있었는데 현재(現在) 금강지역본(金剛智譯本)의 천수대비주(千手大悲呪)의 발음(發音)은 중국식발음표기(中國式發音表記)의 한자독음(漢字讀音)을 우리식의 한자독음(漢字讀音)으로 대부분(大部分) 읽어들여 한글로 기술(記述)해 놓은 것을 또한 확인(確認)해 볼 수 있었다.

이제 범자(梵字)의 발음원음(發音原音)과 우리식의 발음(發音)을 다시 비교(比較)

해 보면서 발음(發音)상 서로 다른 부분(部分)이 많이 나타나고 있었는바, 다라니(陀羅尼), 신주(神呪), 진언(眞言), 염불(念佛)등은 밀교(密敎) 실담범자(悉曇梵字)로서 실담범자(悉曇梵字)는 불문자(佛文字)인 것으로 본래(本來)의 하늘 소리 또는 우주법계(宇宙法界)의 소리로 간주(看做)되어 범어고유(梵語固有)의 소리글 파장(波長)이 있으므로 범어본래(梵語本來)의 발음(發音)으로 되돌아가야 한다는 생각을 역자(譯者) 스스로는 헤아려 보기도 하였으나 다만 천수대비주(千手大悲呪)가 우리식의 발음(發音)으로 이미 오래전부터 자리 잡아왔고 그에 따른 많은 사람들의 염원(念願)이 그 안에 고스란히 녹아들어 있다고 할 수 있었으니 우주법계(宇宙法界)에 소리의 파장(波長)이 조금은 틀리게 전달(傳達) 될 지라도 염원(念願)에 따른 마음의 진실(眞實)한 파장(波長) 만큼은 전달(傳達)될 것 이므로 이 또한 잘못되었다고 단정(斷定)하여 판단(判斷)을 내릴 수는 없을 것이다. 다만 범어원음(梵語原音)의 주파수파장(周波數波長)과는 정확(正確)하게 일치(一致)되지 않은 것도 엄연(儼然)한 사실(事實)로 인정(認定)하고 받아 들여져야 함이 마땅히 보인다. 주파수파장(周波數波長)이 정확(正確)하게 일치(一致)한다면 송수신원리(送受信原理)에 의해 그 파장(波長)은 보다 명쾌(明快)하게 소통(疏通)될 것이고 그렇지 않다면 부정확(不正確)한 만큼 잡음(雜音)이 섞인 채 전달(傳達) 될 것은 또한 분명(分明)해 보이는 것이니, 소통(疏通)됨에 있어서 더디게 작용(作用)함은 어쩔 수 없을 것으로 사려(思慮)해 볼 뿐이다.

석가세존(釋迦世尊)의 가르침에는 일체유심조(一切唯心造)라는 큰 가르침이 계신다. "일체는 오직 마음이 만들어 낸다"라고 이해(理解)해 볼 수 있으니 비물질(非物質)과 물질(物質) 즉 정신(精神)과 물체(物體)등의 일체만유(一切萬有)의 온갖 것을 오직 마음이 만들어 내고 있음을 헤아려 볼 수 있다. 이렇게 모든 것은 마음에 비롯되어 모두 형성(形成)되고 있었슴을 추측(推測)하여 이해(理解)해 보면 마음의 파장(波長)이 무엇보다 우선(優先)함을 헤아려 볼 수 있을 듯하다. 대각자(大覺者)의 방편(方便) 가르침을 통(通)해서 재차(再次) 확인(確認)해 본다면 다라니(陀羅尼), 신주(神呪), 진언(眞言), 염불(念佛) 그 자체(自體)는 우리가 알 수 없는 커다란 위신력(威神力)이 들어있어서 여러 사람들의 정성(精誠)과 성향(性向)과 근기(根機)에 따라 그 위신력(威神力)에 섭수(攝受)되어 당사자(當事者)가 정성(精誠)스럽게 실천(實踐)으로 행(行)한 만큼 동기화(同氣化)된다고 볼 수 있을 것이나, 단지 범인(凡人)의 식견(識見)에 의한 알음알이와 분별(分別)로 이러한 일들을 알 수 있는 것이 아님을 거듭 헤아려 볼 뿐이다.

더 나아가서는 다라니수행(陀羅尼修行)을 통(通)해 수행자(修行者)가 직접 그 위신력(威神力)을 체득(體得)해 나아감으로서 명명백백(明明白白)하게 알아질 것임으로 법(法)다운 가르침에 대해 스스로 공경심(恭敬心)이 우러나오게 되는 것이라 할 수 있을 것이니, 다라니(陀羅尼), 신주(神呪), 진언(眞言), 염불(念佛) 수행(修行)에 관계(關係)하여 범어본래(梵語本來)의 원음(原音)에 따른 파장(波長)과 스스로의 진실(眞實)한 마음 법(法)에 의한 파장(波長)이 힘을 합해 함께 작용(作用)한다면 더 훌륭한 방법적(方法的) 선택(選擇)이 될 것임을 스스로는 독자(讀者)께 이해(利害)를 구(求)해본다. 천수대비주(千手大悲呪)는 여러 종류(種類)가 있을 정도(程度)이며 대장경(大藏經)안에 다라니(陀羅尼)의 내용(內容) 또한 여러 가지로 달리하면서 많이 설(說)해져 있슴을 확인(確認)해 볼 수 있었으니, 그 다름에 대한 오묘(奧妙)한 다라니(陀羅尼)의 역량(力量)과 위신력(威神力)에 대해서 우리들 스스로가 잘 안다고 결코 말할 수는 없을 것이다. 또한 다라니(陀羅尼) 자체(自體)에는 어느 것이 좋고 덜하고의 차등(差等)은 있을 수 없을 것으로 스스로 사려(思慮)해 보았으나 대각자(大覺者)의 가르침 말씀에 유의(有意)하여 여러 가지 다라니(陀羅尼)의 공능력(功能力)에 대해 헤아려보고 각 개인(個人)의 성향(性向)과 적성(適性)과 근기(根機)에 따라 본인(本人)과 잘 맞는 것을 취사선택(取捨選擇)한다면 보다 더 설득력(說得力)이 있을 것이다.

이제 별개(別個)의 사항(事項)으로, 수행(修行)하는 방법론(方法論)에 대해서도 단지(但只) 하나의 방편(方便) 가르침만을 내세우거나 고집(固執)하여 권(勸)하고 꼭 그렇게 따르게 하는 것은 토끼에게 고기를 건네주는 것과 같은 비유(比喩)의 또 다른 우(愚)를 범(犯)하는 것은 아닌지 스스로 헤아려 보게 되면서 이처럼 권(勸)하는 입장(立場)에 서있다면 권(勸)하거나 제시(提示)는 할 수 있을지언정 더 많은 경우(境遇)의 수(數)에 대해서도 다분(多分)히 발생(發生)할 수 있음을 다시 상기(想起)해 볼 필요성(必要性)을 느껴보게 되었다. 간단한 예(例)로 비유(比喩)해 본다면 산 정상(頂上)에 오르는 길은 한 길만이 있는 것이 아닐 것이다. 그 오르는 길은 여러 갈래의 길이 있을 것이며, 없는 길 또한 스스로 개척(開拓)하여 정상(頂上)으로 향(向)해 갈 수 있을 것이니, 이러한 여러 경우(境遇)의 수(數)에 따른 정황(情況)을 미리 예견(豫見)해 본다면 안내자(案內者)의 역할(役割) 및 안내자(案內者) 스스로가 권(勸)하고 제시(提示)하는 안목(眼目)을 갖추는 일 또한 먼저 성취(成就)되어져야 하는 것으로 그 일이 더 급(急)하고 중요(重要)한 일이라 헤아려 보게된다.

어느 경전(經典)인가에서 석가모니(釋迦牟尼) 부처님의 가르침 말씀을 한번 가볍게 읽으며 접(接)해본 적이 있었다. 간략(簡略)한 내용(內容)으로 요약(要約)해보면 석가모니(釋迦牟尼) 부처님의 두 훌륭한 제자(弟子)가 있었고 그 두 제자(弟子)에게는 다시 불법수행(佛法修行)을 익히기 위해 이제 막 발심(發心)을 일으킨 또 다른 두 수행자(修行者)가 있었다. 두 스승은 석가모니(釋迦牟尼) 부처님께 가르침 받아왔던 수행방법(修行方法)을 그 둘에게 권고(勸告)하고 제시(提示)하여 수행(修行)을 하도록 지침(指針)을 내려주었다. 그런데 그 둘은 그 가르침대로 수행(修行)을 오래도록 해보고 나서는 성취(成就)되는 것이 없게 되자 불법(佛法)에 대해 크게 후회(後悔)를 하면서 서슴지 않고 비방(誹謗)하기에 까지 이르렀으니 원래(原來)로 돌아갈 태세(態勢)였다. 그것을 멀리서 계시며 신통력(神通力)으로 이미 다 알고계시는 석가모니(釋迦牟尼) 부처님께서는 그 둘을 조용히 불러 너희 둘의 스승이 누구이며 내 앞에 곧 데려오도록 하라고 말씀하신다. 곧 두 수행자(修行者)의 아라한(阿羅漢) 스승이 부처님 앞에 도달(到達)하였다. 너희 두 스승은 어떻게 그들에게 수행지침(修行指針)을 내려 주었는가 물어보니 저희들이 그동안 부처님의 가르침 주신대로 수행지침(修行指針)을 내려 그 둘에게 수행(修行)하도록 권고(勸告)하였다고 설명(說明)한다. 그러자 부처님께서는 너희 두 스승은 저들의 수행근기(修行根機)와 적성(適性)을 먼저 충분(充分)히 살펴 본 연후(然後)에 그에 맞는 수행지침(修行指針)을 일러주었어야 했다고 하면서 그 두 스승에게 지적(指摘)을 해주시고는 그 둘의 수행근기(修行根機)와 적성(適性)을 모두 타심통(他心通)으로 다 이미 꿰뚫어 살펴 아셨지만 그 둘에게 세간(世間)에서 좋아하고 해왔던 일을 모른 채 하면서 물어보신다. 그 둘은 물어보시는 말씀에 대해 대답(對答)을 하니 석가모니(釋迦牟尼) 부처님 께서는 다시 그 둘에게 적합(適合)한 수행방법(修行方法)을 다시 내려 주시게 된다. 그리고 그 두 수행자(修行者)는 얼마 지나지 않아 수행(修行)에 따른 좋은 결과(結果)를 성취(成就)하게되자 불법(佛法) 가르침의 진실(眞實)함을 확고(確固)하게 알게 되었으나 일전(日前)에 불법(佛法)에 대해 크게 비방(誹謗)한 것이 있어 스스로 참회(懺悔)를 하고 있었다. 이윽고 부처님을 찾아뵙고는 눈물을 흘리며 먼저 번의 잘못된 행위(行爲)를 깊게 반성(反省)하면서 부처님께 공경(恭敬)의 예(禮)를 갖추고 있으니, 부처님께서 이르시기를 너희 둘은 얼마 전에 불법(佛法)을 잘 알지도 못한 채 크게 비방(誹謗)한 죄로 목숨을 마친 후에는 나쁜 악도(惡道)에 떨어져야 마땅했을 것이나 이제 너희 둘이 적합(適合)한 수행방법(修行方法)을 통(通)해 불법(佛法)의 진실(眞實)함을 분명(分明)히 체득(體得)하여 알게 되었으니, 너희 둘은 아라한(阿羅漢)이 되었다 일러주신다. 그때 그 두 수행자(修行者)는 크게 환희(歡喜)하며 어찌할 줄 몰랐다고 하였다. 두서(頭緖)없이 기억(記憶)나는 대강(大綱)의 경전(經典) 내용(內容) 줄거리는 이러하였으니, 위의 수행지침(修行指針)에 따른 권고(勸告)와 제시(提示)에 대한 부연설명(敷衍說明)의 내용(內容)으로 대신(代身)해 보았으나 이 또한 본래(本來) 경전내용(經典內容)을 더듬거리며 기억(記憶)해 간추려 요약(要約)해 본 내용(內容)으로서 석가모니(釋迦牟尼) 부처님의 더 자세(仔細)하고 상세(詳細)한 가르침 말씀을 경전(經典)을 통(通)해 다시 접(接)해 볼 수 있기를 기대(期待)해 보기로 한다.

다시 말을 바꾸어 천수대비주(千手大悲呪)에 대해 언급(言及)해 보도록 하자. 이제 금강지역본(金剛智譯本)의 천수대비주(千手大悲呪)가 세상(世上)에 들어나게 된 동기(動機)가 있는 듯 하니, 살펴보면 한때 당(唐)나라 현장법사(玄奘法師)가 인도(印度)로 불법(佛法)을 얻기 위해 구법(求法)을 떠나 여러 경전(經典)을 가지고 돌아와 역경사업(譯經事業)을 펼치게 되었다고 전(傳)한다. 그 중에 섞여있는 하나가 금강지삼장(金剛智三藏)의 천수대비주(千手大悲呪)라고 전(傳)하고 있었으니, 대정신수대장경

(大正新脩大藏經)에는 경(經)에 대한 해설(解說)은 별도(別途)로 없고 오직 천수대비주(千手大悲呪)만 실려져있었다. 여기서 우리에게 오래도록 암송(暗誦)되어 전(傳)해져 내려 온 천수대비주(千手大悲呪)가 금강지역본(金剛智譯本)의 부분구절(部分句節) 내용(內容)이었음을 확인(確認)해 보고 금강지삼장(金剛智三藏)은 누구인가 또한 잠시 살펴보기로 해본다.

최초(最初) 정통밀교(正統密敎)는 금강정경(金剛頂經)과 대일경(大日經)을 주본(主本)으로 삼았다. 금강지삼장(金剛智三藏)은 중인도(中印度)의 승려(僧侶)로서 밀교(密敎)를 중국(中國)에 전(傳)하여 선풍(旋風)을 일으킨 중국밀교(中國密敎)의 초조(初祖)라 할 수 있을 것이며, 개창자(開倉者)로 전(傳)하고 있었는데 그는 금강정경계밀교(金剛頂經系密敎)를 최초(最初)로 전(傳)한 승려(僧侶)로서 학승(學僧)이며 밀교수행승(密敎修行僧)으로 동시대(同時代)에 대일경(大日經)을 전(傳)한 선무외삼장(善無畏三藏)과 함께 중국(中國)에 정통밀교(正統密敎)의 기틀을 세워준 중국밀교(中國密敎)의 양대산맥(兩大山脈)으로 칭(稱)해져오고 있슴을 알 수 있었다. 금강지삼장(金剛智三藏)은 10세 때에 일찌감치 그 당시 인도(印度) 세계최고불교대학(世界最古佛敎大學)이라 할 수 있는 나란타사(那爛陀寺)로 출가(出家)하였고 28세 되던 해에는 유식학(唯識學)을 수학(修學)해 대승불교(大乘佛敎)를 통달(通達)하기에 이르렀다고 전(傳)하고 있으며, 다시 31세 되던 해에는 남인도(南印度) 용지(龍智)에게 온갖 시중을 들며 7년 동안 밀교수행(密敎修行)의 깊은 이치(理致)를 수학(修學)하고 오부관정(五部灌頂)에 해당하는 불부(佛部), 금강부(金剛部), 연화부(蓮華部), 보생부(寶生部), 갈마부(羯磨部)를 성취(成就)하여 불보살(佛菩薩)께서 항상(恒常) 호념(護念)하고 계시는 다라니(陀羅尼), 신주(神呪), 진언(眞言), 염불(念佛)의 위신력(威神力)을 몸소 체득(體得)함으로서 갖가지의 영험(靈驗)함이 일어났다고 또한 전(傳)하고 있었다.

그의 정통제자(正統弟子)는 일행(一行)과 불공(不空)의 두 거두(巨頭)가 있었으며, 신라승(新羅僧) 혜초(慧超)도 그의 문하(門下)에서 수학(修學)하며 한때 금강지삼장(金剛智三藏)의 권유(勸誘)로 오랜 기간(期間)동안 인도(印度)의 오천축국(五天竺國)

을 천신만고(千辛萬苦) 끝에 구법(求法)의 길을 마치고 당(唐)으로 되돌아와 스승인 금강지삼장(金剛智三藏)의 역경사업(譯經事業)에 동참(同參)하여 필서(筆書)를 맡게 되었으나 금강지삼장(金剛智三藏)이 얼마 지나지 않아 병(病)을 얻어 생(生)을 마치게 되자 역경사업(譯經事業)을 포기(抛棄)하기에 이르렀다. 그러나 금강지삼장(金剛智三藏)의 법맥(法脈)을 이미 전수(傳受)받았던 불공(不空)에게 법(法)을 설(說)해줄 것을 청(請)하여 다시 불공(不空)의 제자(弟子)가 되기도 한다. 금강지삼장(金剛智三藏)의 제자(弟子)인 불공(不空)은 2000여명의 제자가 있을 정도로 많은 제자(弟子)가 있었는데 774년 그의 유서(遺書)에서는 2000여명의 제자 중 함광(含光), 혜초(慧超), 혜과(慧果), 혜랑(慧朗), 각초(覺超), 원교(元皎)를 특별(特別)히 지혜(智慧)가 밝은 상수제자(上首弟子)라 높게 칭(稱)하였으며, 그 중 신라승(新羅僧) 혜초(慧超)를 두 번째에 손꼽을 정도(程度)로 더욱 높고 크게 인정(認定)하였다고 전(傳)하고 있었다. 1905년에는 프랑스의 역사탐험가(歷史探險家) 펠리오에 의해 중국(中國) 둔황석굴(敦煌石窟)에 보관(保管)되어있던 왕오천축국전(往五天竺國傳)이 세상(世上)에 처음으로 모습을 드러내었고, 1908년에는 신라인(新羅人)으로 판명(判明)되면서 한국사(韓國史) 최초(最初)의 기행문(紀行文)으로서 우리에게 세간법(世間法)으로는 문화적유산가치(文化的遺産價值)가 매우 큰 것으로 잘 알려지게 되었다. 그러나 혜초(慧超)는 구법승(求法僧)의 승려(僧侶)로서 50여년(餘年) 동안 불경(佛經)의 번역(飜譯)과 연구(硏究)에만 온 몸을 바친 그였으며, 금강지삼장(金剛智三藏)과 불공(不空)의 정통밀교(正統密敎)를 전파(傳播)하며 계승발전(繼承發展)시킨 또 하나의 밀교법맥(密敎法脈)의 커다란 축(軸)이라 할 수 있을 것이다. 말년(末年)에는 중국(中國) 오대산(五台山)으로 들어가 역경사업(譯經事業)에만 전념(專念)하며 그곳에서 생(生)을 마감하였으니, 우리나라 사람으로서 중국(中國)에 정통밀교(正統密敎)를 크게 선양(宣揚)한 선두주자(先頭走者)로서 후세(後世) 사람들을 위해 밝은 이정표(里程標)를 세워 두었음에는 분명(分明)하였다.

이와같이 금강지삼장(金剛智三藏)의 정통밀교법맥(正統密敎法脈)의 흐름을 잠시 살펴보게 되었는바 우리가 지금껏 암송(暗誦)해오고 있었던 천수대비주(千手大悲呪)는 곧 금강지삼장역본(金剛智三藏譯本)의 천수대비주(千手大悲呪) 113구절(句節)의 전문(全文)에서 약 54구절(句節) 정도(程度)만 부분발췌(部分拔萃)하여 암송(暗誦)되어 왔다고 볼 수 있을 것인데 단지 중국식발음(中國式發音)의 한자득음(漢字讀音)을 우리식의 한자독음(漢字讀音)으로 여과(濾過)없이 발음(發音)함으로서 범어본래(梵語本來)의 발음(發音)에서 벗겨나가 암송(暗誦)되어지고 있는 부분(部分)은 스스로는 애석(哀惜)하게 느껴 보았다. 다음에 세부항목(細部項目)으로 나누어 천수대비주(千手大悲呪)를 별도(別途)로 비교(比較)하여 기술(記述)해 놓았으나 이 또한 역자(譯者)의 짧은 식견(識見)이라 할 수 있으니, 독자(讀者) 여러분의 넓은 이해(理解)를 구(求)하며 잘못된 부분이 다분(多分)하게 있을 수 있슴도 스스로는 되새겨 보고 지적(指摘)과 충고(忠告) 또한 아끼지 않기를 바라며, 이제 금강지삼장역본(金剛智三藏譯本)의 천수대비주(千手大悲呪)의 상세비교내용(詳細比較內容)을 이곳에서 살펴보고 조금이라도 도움이 되었으면 하는 마음 간절(懇切)할 뿐이다.

대각자(大覺者)의 경전(經典) 가르침 곳곳에 설(說)하여져 있는 모든 다라니(陀羅尼), 진언(眞言), 신주(神呪), 염불(念佛)등은 실담범자(悉曇梵字)가 근원(根源)되는 원어(原語)임을 알 수 있으며 실담범자(悉曇梵字)는 불문자(佛文字)로서 범문자(梵文字) 자체(自體)로 영험(靈驗)함이 있을 것이다. 실담범자(悉曇梵字)의 그 역사적근거(歷史的根據)를 간략(簡略)하게 살펴보면, 서기 320년경에 굽타형문자가 형성(形成)되었고, 그 문자(文字)에서 파생(派生)된 것이 실담범자(悉曇梵字)임을 알 수 있었다. 인도(印度)에서 중국(中國)으로 전(傳)해진 대다수(大多數)의 경전(經典)은 실담범자(悉曇梵字)로서 한역경전(漢譯經典)의 모본(母本)이 된다 할 수 있을 것인데, 특(特)히 인도(印度)의 밀교(密敎)가 중국(中國)으로 전(傳)해지면서 실담범어(悉曇梵語)가 널리 유통(流通)되어 알려 지게 된 동기(動機)라 할 수 있다.

이제 다음의 상세비교표(詳細比較表)를 살펴보면 현행(現行) 천수대비주(千手大悲呪)와 1800년대에 간행(刊行)된 망월사본(望月寺本) 대비주(大悲呪)의 발음(發音)이 거의 정확(正確)하게 일치(一致)하고 있슴도 살펴볼 수 있었으니, 곧 현행(現行) 천수대비주(千手大悲呪)는 망월사본(望月寺本)을 그대로 옮겨와서 현재(現在)까지 우리들에게 암송(暗誦)되고 있는 것이라 할 수 있다. 천수대비주(千手大悲呪)의 망월사본

(望月寺本)이 전(傳)해지게 된 동기(動機)에 대해서도 다시 살펴보면 1443년에 세종대왕(世宗大王)에 의해 훈민정음(訓民正音)이 우리나라의 글로 창제(創製)되면서 1559년에는 안심사본(安心寺本) 진언집(眞言集)이 간행(刊行)되게 된다. 그 이후 안심사본(安心寺本)을 저본(底本)으로 하여 1800년경에는 망월사본(望月寺本) 진언집(眞言集)이 재(再) 간행(刊行)되었고, 여러 다라니(陀羅尼), 진언(眞言) 가운데 금강지삼장역본(金剛智三藏譯本)의 천수대비주(千手大悲呪)도 범자(梵字)와 한자독음(漢字讀音)과 함께 훈민정음(訓民正音)의 우리글로 실려지게 되었는데, 이것이 현재 우리나라에서 가장 많이 암송(暗誦)되고 있는 천수대비주(千手大悲呪)라 할 수 있다.

그리고 앞에서도 잠시 언급(言及)을 하였지만 현행(現行) 천수대비주(千手大悲呪)의 발음(發音)에 대해서 고찰(考察)해 본 결과(結果) 그 근원(根源)은 금강지역본(金剛智譯本)의 천수대비주(千手大悲呪)로서 범본(梵本)이라 할 수 있을 것이다. 이제 천수대비주(千手大悲呪) 범본(梵本)의 발음원음(發音原音)과 현행(現行) 천수대비주(千手大悲呪)의 발음(發音)을 상세비교(詳細比較)하여 살펴보면 범어원음(梵語原音)의 발음(發音)과는 많이 빗겨나가고 있음을 확인(確認)해 볼 수 있었는데, 중국(中國)이나 대만(臺灣)등에서 금강지역본(金剛智譯本)의 천수대비주(千手大悲呪)의 발음(發音)을 인터넷 매체를 통(通)해 확인(確認)해 보았을 때 한자영역권(漢字領域權)의 그들조차도 범어(梵語)의 원음(原音)과 거의 가깝게 비슷한 발음(發音)으로 강의(講義)되어 가르쳐지고 있으면서, 또한 충실(充實)하게 암송(暗誦)되고 있음을 살펴볼 수 있었으니, 범어원음(梵語原音)의 발음(發音)으로 암송(暗誦)되어 짐이 올바른 파장(波長)의 전달(傳達)로서 동기(同氣)의 파장(波長)과 보다 유연(柔軟)하게 소통(疏通)될 것이라 헤아려 볼 수 있었다. 송수신(送受信)의 주파수(周波數)가 서로 잘 맞지 않는다면 잘 맞지 않는만큼 주변 잡음(周邊雜音)이 혼탁(混濁)하게 되어 하나로 합일(合一)됨에 있어서도 명쾌(明快)하지 않을 것임은 물과 불이 확연이 틀리 듯 자명(自明)해 보인다.

마지막으로 정통밀교(正統密敎)가 일본(日本)으로 전승(傳承)되는 흐름에 대해 간략(簡略)하게나마 살펴본다면, 당(唐)나라로 유학(留學)하여 스승 혜과(惠果)에게 정통밀교(正統密敎)를 전수(專修)받은 공해(空海)에 의해서도 밀교(密敎)가 일본(日本)으로 전(傳)해지면서 일본(日本) 진언종(眞言宗)의 서막(序幕)을 열게된다. 그러나 우리나라에서는 대부분(大部分) 불교범자(佛敎梵字)가 역사적(歷史的) 탄압과정(彈壓過程)과 많은 전쟁(戰爭)에 원인(原因)하여 많이 소실(消失)되어서 그 명맥(命脈)만 겨우 유지(維持)해 오고 있었을 뿐 불교범자(佛敎梵字) 자료(資料)와 밀교수행(密敎修行)이 과거(過去)로부터 얼마 전까지만 해도 매우 열악(劣惡)하였다고 유추(類推)해 볼 수 있었으니, 그동안 더 이상 발전(發展)하지 못하게 되었던 큰 이유(理由) 또한 분명(分明)해 보인다.

그러나 공해(空海)에 의해 정통밀교(正統密敎)가 일본(日本)으로 전(傳)해져 불교범자(佛敎梵字)의 근원자료(根源資料)가 유실(遺失)되지 않은 채 사찰(寺刹)에 현재(現在)까지 보존(保存)되어 오면서, 그 이후(以後)에 불교범자(佛敎梵字)의 체계적(體系的)인 연구(硏究)가 계속(繼續) 이어져 더욱 성장(成長)하게 되었고, 약 1200여년의 시간이 흘렀음에도 밀교(密敎)에 의한 불교범자(佛敎梵字)는 그 명맥(明脈)이 일본(日本)에서 확고(確固)하게 자리를 잡고 있었음을 확인(確認)해 볼 수 있었으니, 이제 우리가 보다 뜻 깊게 할 일이 있다면 역(逆)으로 그 자료(資料)를 연구검토(硏究檢討)하여 실 낫처럼 거의 끊어지다시피 한 금강지(金剛智), 선무외(善無畏), 불공(不空), 혜초(慧超)의 정통밀교(正統密敎) 법맥(法脈)을 다시 이어갈 수 있다면, 이 또한 다행(多幸)스러운 일이라 할 수 있을 것이다.

지금 껏 우리나라에서는 정통밀교(正統密敎)의 명맥(命脈)이 거의 끊어졌다시피 한 것에 연유(緣由)해 보면 실담범자(悉曇梵字)를 접(接)할 기회(機會)가 매우 열악(劣惡)하였다고 할 수 있을 것이나, 불문(佛門)에 들어 지혜(智慧)가 깊은 연구자(硏究者)에 의해 불교범어(佛敎梵語)의 원음(原音)이 되살려져 그 원음파장(原音波長)이 많은 사람들의 입과 생각을 통(通)해 확산되어서 연구자(硏究者) 스스로는 공덕(功德)을 성취(成就)하고, 더 나아가서는 우주법계(宇宙法界)에 파장(波長)으로 널리 흩 뿌려져 크게 회향(回向)되어질 수 있기를 스스로는 기대(期待)해 보며, 이제 금강지역본(金剛智譯本)의 천수대비주(千手大悲呪)를 드러내 상세비교(詳細比較)하여 살펴보기로 하자.

(첨부설명)---

* 가장 처음은 범자표기(梵字表記)에 해당한다.

1)번 항목(項目)은 대정신수대장경(大正新脩大藏經)에 실려있는 중국식발음(中國式發音)의 한자표기(漢字表記)에 해당한다.

2)번 항목(項目)은 범자(梵字)에 따른 로마나이즈로서 세계 공통(世界共通)의 발음표기(發音表記)에 해당한다.

3)번 항목(項目)은 로마나이즈에 따른 범어원음(梵語原音)을 우리 한글로 표기(表記)한 것에 해당하며 청색(靑色)의 굵은 글씨를 읽거나 암송(暗誦)하면 로마나이즈에 따른 범어원음(梵語原音)의 발음(發音)에 최대한 가깝게 구사 할 수 있을 것으로 사려(思慮)해 본다.

4)번 항목은 천수대비주(千手大悲呪)의 범어원문(梵語原文) 전체 113구(句) 중에서 약 54구(句) 정도(程度)만 발췌(拔萃)되어 암송(暗誦)되어 온 현행(現行) 우리식의 천수대비주(千手大悲呪) 발음(發音)에 해당한다.

5)번 항목은 1443년 훈민정음(訓民正音)이 창제(創製)된 이후 1559년에 간행(刊行)된 최초(最初)의 진언집(眞言集)이라 할수있는 안심사본(安心寺本)의 실담오십자문(悉曇五十字門)을 저본(底本)으로 하여 1800년대에 새롭게 간행된 망월사본진언집(望月寺本眞言集)에 범자(梵字)와 한자(漢字)와 함께 훈민정음(訓民正音)인 우리글로 적혀져 전(傳)해 내려온 천수대비주(千手大悲呪)에 해당한다.

千手大悲呪---
천수대비주

金剛智本
금강지본

1)曩慕 囉怛曩 怛囉夜耶(一)

2)Namo rātna trayāya

3)나모 라뜨나 뜨라야야

4)나모 라다나 다라야야

5)나모 라ᄃᆞ나 ᄃᆞ라야야

---

1)曩莫 阿哩夜(二)

2)Namah: ārya

3)나막 아리야

4)나막 알 야

5)나막 알 약

---

1)嚩[口+路]枳諦 濕嚩囉耶(三)

2)Valokite`svarāya

3)왈로끼떼슈와라야

4)바로기제새바라야

5)바로기데ᅀᅵ바라야

𑖤𑖺𑖠𑖰𑖭𑖝𑖿𑖪𑖯𑖧

1)冒地薩多嚩耶(四)

2)Bodhisatvāya

3)보디사뜨와야

4)모지사다바야

5)모디사드바야

𑖦𑖮𑖯𑖭𑖝𑖿𑖪𑖯𑖧

1)莽賀薩多嚩耶(五)

2)Mahāsatvāya

3)마하사뜨와야

4)마하사다바야

5)마하사드바야

𑖦𑖮𑖯𑖎𑖯𑖨𑖲𑖜𑖰𑖎𑖯𑖧

1)莽賀迦嚕膩迦耶(六)

2)Mahākārun.ikāya

3)마하까루니까야

4)마하가로니가야

5)마하가로니가야

---

1)薩摩 滿陀曩(七)

2)Sarva bandhana

3)사르와 반다나

4)현행대비주에서는 누락

5)망월사본에서는 누락

---

1)泚娜曩 迦囉耶(八)

2)Cchedana karāya

3)쩨다나 까라야

4)현행대비주에서는 누락

5)망월사본에서는 누락

---

1)薩摩 婆嚩(九)

2)Sarva bhava

3)사르와 바와

4)현행대비주에서는 누락

5)망월사본에서는 누락

---

1)娑母捺嘮 酢灑拏 迦囉耶(十)

2)Samudram. suks.an.a karāya

3)사무드람 숙싸나 까라야

4)현행대비주에서는 누락

5)망월사본에서는 누락

---

1)薩摩 彌夜地(十一)

2)Sarva vyadhi

3)사르와 위야디

4)현행대비주에서는 누락

5)망월사본에서는 누락

---

1)跛囉捨莽曩 迦囉耶(十二)

2)Pra`samana karāya

3)쁘라샤마나 까라야

4)현행대비주에서는 누락

5)망월사본에서는 누락

---

1)薩謎底多庾 跛捺囉嚩(十三)

2)Sarvetityu padrava

3)사르웨띠뜌 빠드라와

4)현행대비주에서는 누락

5)망월사본에서는 누락

---

1)尾那捨曩 迦囉耶(十四)

2)Vinā`sana karāya

3)위나샤나 까라야

4)현행대비주에서는 누락

5)망월사본에서는 누락

---

1)薩摩 婆曳數(十五)

2)Sarva bhayes.yo

3)사르 와 바예쓰요

4)(옴)살바 바예수

5)(옴)살바 바예수

1)怛囉拏 迦囉耶(十六)

2)Tran.a karāya

3)뜨라나 까라야

4)다라나 가라야

5)드라나 가라야

1)䟦思每 曩莽思吉哩多嚩 伊那摩 阿哩夜(十七)

2)Tasmai namaskr.tvā inama aryā

3)따스마이 나마스끄리뜨와 이나마 아리야

4)다사명 나막 가리다바 이맘 알 야

5)다샤명 나막 ᅀ리드바 이맘 알 야

1)嚩[口+路]枳帝濕嚩囉 皤使單 儞羅建妊閉(十八)

2)Valokite`svara bhas.itam. nirakam.t.abhe

3)왈로끼떼슈와라 바씨땀 니라깜따베

4)바로기제새바라 (다바) 니라간타

5)바로기뎨ᄾᅵ바라 다바 니라간타

---

1)曩莽 纈哩娜耶(十九)

2)Nāma hr.daya

3)나마 흐리다야

4)나막 하리나야

5)나막 ᄒᆞ리나야

---

1)摩物剌韠以使夜弭(二十)

2)Mavrataicchyami

3)마브라따이찌야미

4)마발 다이사 미

5)마발 다이샤 미

---

1)薩末 他些馱建(二十一)

2)Sarvā thasadhakam.

3)사르와 타사다깜

4)살 발 타사다남

5)살 발 타사다남

---

1)戍畔 阿爾延(二十二)

2)`Suvam. ajiyam.

3)슈왐 아지얌

4)수반 아예염

5)슈반 애예염

---

1)薩摩 部跢南(二十三)

2)Sarva bhūtanam.

3)사르와 부따남

4)살 바 보다남

5)살 바 보다남

---

1)婆嚩末誐 尾戍馱劍(二十四)

2)Bhavamarga vi`suddhakam.

3)바와마르가 위슏다깜

4)바바마라 미수다감

5)바바말아 미슈다감

---

1)怛儞也他(二十五)

2)Tadyathā

3)따드야타

4)다　냐타

5)다　냐타

---

1)唵(二十六)

2)Om.

3)옴

4)옴

5)옴

---

1)阿[口+路]計 阿[口+路]迦 莽底(二十七)

2)Āloke āloka mati

3)알로께 알로까 마띠

4)아로계 아로가 마지

5)아로계 아로가 마디

---

1)[口+路]迦 底訖[口+闌]諦 傒 賀[口+隸] 阿哩夜(二十八)

2)Lokā tikram.te he hare āryā

3)로까 띠끄람떼 헤 하레 아리야

4)로가 지가란제 혜혜하례

5)로가 디ᄀᆞ란뎨 혜혜하례

---

1)嚩[口+路]枳諦濕嚩羅(二十九)

2)Valokite`svara

3)왈로끼떼슈와라

4)현행대비주에서는 누락

5)망월사본에서는 누락

---

1)莽賀冒地薩多嚩(三十)

2)Mahābodhisatva

3)마하보디사뜨와

4)마하모지사다바

5)마하모디사ᄃᆞ바

𑖮𑖸𑖤𑖺𑖠𑖰𑖭𑖝𑖿𑖪

1)傒 冒地薩多嚩(三十一)

2)He bodhisatva

3)헤 보디사뜨와

4)현행대비주에서는 누락

5)망월사본에서는 누락

𑖮𑖸𑖦𑖮𑖯𑖤𑖺𑖠𑖰𑖭𑖝𑖿𑖪

1)傒 莽賀冒地薩多嚩(三十二)

2)He mahābodhisatva

3)헤 마하보디사뜨와

4)현행대비주에서는 누락

5)망월사본에서는 누락

𑖮𑖸𑖪𑖰𑖨𑖿𑖧𑖤𑖺𑖠𑖰𑖭𑖝𑖿𑖪

1)傒 比哩也 冒地薩多嚩(三十三)

2)He virya bodhisatva

3)헤 위리야 보디사뜨와

4)현행대비주에서는 누락

5)망월사본에서는 누락

---

1)傒 莽賀迦嚕𭿥迦(三十四)

2)He mahākārun.ikā

3)헤 마하까루니까

4)현행대비주에서는 누락

5)망월사본에서는 누락

---

1)徙莽囉 纈哩娜延(三十五)

2)Smara hr.dayam.

3)스마라 흐리다얌

4)사마라 (사마라) 하리나야

5)ᄉᆞ마라 (ᄉᆞ마라) ᄒᆞ리나야

---

1)呬 呬 賀[口+隸] 阿哩耶(三十六)

2)Hi hi hare āryā

3)히 히 하레 아리야

4)현행대비주에서는 누락

5)망월사본에서는 누락

𑖪𑖩𑖺𑖎𑖰𑖝𑖸𑖫𑖿𑖪𑖨

1)嚩[口+路]枳諦濕嚩囉(三十七)

2)Valokite`svara

3)왈로끼떼슈와라

4)현행대비주에서는 누락

5)망월사본에서는 누락

𑖦𑖮𑖸𑖫𑖿𑖪𑖨

1)莽傒濕嚩囉(三十八)

2)Mahe`svara

3)마헤슈와라

4)현행대비주에서는 누락

5)망월사본에서는 누락

𑖢𑖨𑖦𑖝𑖿𑖨𑖓𑖰𑖝𑖿𑖝

1)跛囉莽 多囉質多(三十九)

2)Parama tracitta

3)빠라마 뜨라찌따

4)현행대비주에서는 누락

5)망월사본에서는 누락

𑖦𑖮𑖯𑖎𑖯𑖨𑖲𑖜𑖰𑖎𑖯

1)莾賀迦嚕膵迦(四十)

2)Mahākārun.ikā

3)마하까루니까

4)현행대비주에서는 누락

5)망월사본에서는 누락

𑖎𑖲𑖨𑖲𑖎𑖲𑖨𑖲𑖎𑖨𑖿𑖦𑖽𑖭𑖠𑖧𑖭𑖠𑖧

1)矩嚕 矩嚕 羯滿 些大耶 些大耶(四十一)

2)Kuru kuru karmam. sadhaya sadhaya

3)꾸루 꾸루 까르맘 사다야 사다야

4)구로 구로 갈 마 사다야 사다야

5)구로 구로 갈 마 사다야 사다야

𑖪𑖰𑖠𑖿𑖧𑖽

1)尾儞延(四十二)

2)Vidhyam.

3)위드얌

4)현행대비주에서는 누락

5)망월사본에서는 누락

---

1)聹傒　禰傒　多嚩[口+闌](四十三)

2)N.ihe n.ihe tavaram.

3)니헤 니헤 따와람

4)현행대비주에서는 누락

5)망월사본에서는 누락

---

1)迦滿　誐莽(四十四)

2)Kamam. gama

3)까맘 가마

4)현행대비주에서는 누락

5)망월사본에서는 누락

---

1)尾捍誐莽　尾誐莽莽　悉陀諭儗濕嚩囉(四十五)

2)Viham.gama vigama siddhayuge`svara

3)위함가마 위가마 싣다유게슈와라

4)현행대비주에서는 누락

5)망월사본에서는 누락

---

1)杜嚕 杜嚕 尾演底(四十六)

2)Dhuru dhuru viyanti

3)두루 두루 위얀티

4)도로 도로 미연제

5)도로 도로 미연뎨

---

1)莽賀 尾演底(四十七)

2)Mahā viyanti

3)마하 위얀띠

4)마하 미연제

5)마하 미연뎨

---

1)馱囉 馱羅 達[口+隸]印涅[口+隸]濕嚩羅(四十八)

2)Dhara dhara dharendra`svara

3)다라 다라 다렌드라슈와라

4)다라 다라 다린나례새바라

5)다라 다라 다린ᄂ례시바라

𑖓𑖩𑖓𑖩𑖪𑖰𑖦𑖩𑖦𑖨

1)左攞 左攞 尾莾邏 莾羅(四十九)

2)Cala cala vimala mara

3)짜라 짜라 위마라 　마라

4)자라 자라 　마라 미마라 (아마라 몰제 예혜혜)

5)자라 자라 　마라 미마라 (아마라 몰데 예혜혜)

𑖁𑖨𑖿𑖧

1)阿哩夜(五十)

2)Āryā

3)아리야

4)현행대비주에서는 누락

5)망월사본에서는 누락

𑖪𑖩𑖺𑖎𑖰𑖝𑖸𑖫𑖿𑖪𑖨

1)嚩[口+路]枳帝濕嚩羅(五十一)

2)Valokite`svara

3)왈로끼떼슈와라

4) 　로계 　새바라

5) 　로계 　싀바라

---

1)爾曩 訖哩使拏(五十二)

2)Jina kr.s.n.i

3)지나 끄리쓰니

4)현행대비주에서는 누락

5)망월사본에서는 누락

---

1)惹吒 莽矩吒(五十三)

2)Jatā makuta

3)자따 마꾸따

4)현행대비주에서는 누락

5)망월사본에서는 누락

---

1)嚩覽摩 跛羅覽摩 尾覽摩(五十四)

2)Varam.ma praram.ma viram.ma

3)와람마 쁘라람마 위람마

4)현행대비주에서는 누락

5)망월사본에서는 누락

---

1)莽賀徙陀 尾儞夜馱囉(五十五)

2)Mahāsiddha vidyadhara

3)마하싣다 위드야다라

4)현행대비주에서는 누락

5)망월사본에서는 누락

---

1)皤羅 皤囉 莽賀皤囉(五十六)

2)Vara vara mahāvara

3)와라 와라 마하와라

4)현행대비주에서는 누락

5)망월사본에서는 누락

---

1)麼攞 麼攞 莽賀麼攞(五十七)

2)Bala bala mahābala

3)바라 바라 마하바라

4)현행대비주에서는 누락

5)망월사본에서는 누락

---

1)左囉 左囉 莽賀左囉(五十八)

2)Cara cara mahācara

3)짜라 짜라 마하짜라

4)현행대비주에서는 누락

5)망월사본에서는 누락

---

1)訖哩史拏 物[口+栗]拏 儞[口+栗]伽(五十九)

2)Kr.s.n.i vr.n.a dīrgha

3)끄리쓰니 브리나 디르가

4)현행대비주에서는 누락

5)망월사본에서는 누락

---

1)訖哩史拏 跛乞灑 怩茄跢囊(六十)

2)Kr.s.n.i paks.a dīrghatana

3)끄리쓰니 빠끄싸 디르가따나

4)현행대비주에서는 누락

5)망월사본에서는 누락

---

1)傒 跛娜莽 賀徙多(六十一)

2)he padma hasti

3)헤 빠드마 하스띠

4)현행대비주에서는 누락

5)망월사본에서는 누락

---

1)左羅 左羅 聹舍左[口+隸]濕嚩囉(六十二)

2)Cara cara di`sacale`svara

3)짜라 짜라 디샤짜레슈와라

4)현행대비주에서는 누락

5)망월사본에서는 누락

---

1)訖哩史拏 薩囉跛 訖哩彈 也爾諭跛尾多(六十三)

2)Kr.s.n.i sarapa kr.ta yajyopavita

3)끄리쓰니 사라빠 끄리따 야죠빠위따

4)현행대비주에서는 누락

5)망월사본에서는 누락

---

1)翳傒 兮 莽賀 嚩囉賀母佉(六十四)

2)Ehye he mahā varahamukha

3)에히예 헤 마하 와라하무카

4)현행대비주에서는 누락

5)망월사본에서는 누락

---

1)怛哩補囉 娜賀寧 濕嚩囉(六十五)

2)Tripūra dahane`svara

3)뜨리뿌라 다하네슈와라

4)현행대비주에서는 누락

5)망월사본에서는 누락

---

1)曩囉也拏 嚩[口+路]跛(六十六)

2)Narayan.a varupa

3)나라야나 와루빠

4)현행대비주에서는 누락

5)망월사본에서는 누락

---

1)嚩羅末誐 阿唎 傒 聹羅建姹 傒 麼賀迦羅(六十七)

2)Varamarga ari he nirakam.ta he mahākāra

3)와라마르가 아리 헤 니라깜따 헤 마하까라

4)현행대비주에서는 누락

5)망월사본에서는 누락

---

1)賀羅 賀羅(六十八)

2)Hara hara

3)하라 하라

4)현행대비주에서는 누락

5)망월사본에서는 누락

---

1)尾沙 怩爾跢 [口+路]迦寫(六十九)

2)Vis.a nirjita lokasya

3)위싸 니르지따 로까스야

4)현행대비주에서는 누락

5)망월사본에서는 누락

---

1)囉誐尾沙 尾曩捨曩(七十)

2)Rāgavis.a vinā`sana

3)라가위싸 위나샤나

4)라아미사 미나사야

5)라아미사 미나샤야

---

1)那味沙尾沙 尾曩捨曩(七十一)

2)Dvis.avis.a vinā`sana

3)드위싸위싸 위나샤나

4)나베사미사 미나사야

5)느베사미사 미나샤야

---

1)慕賀尾沙 尾曩捨曩(七十二)

2)mohavis.a vinā`sana

3)모하위싸 위나샤나

4)모하(자라미사)미나사야

5)모하(자라미사)미나샤야

---

1)戶嚕 戶嚕 莽羅戶嚕 賀[口+隸](七十三)

2)hulu hulu marahulu hale

3)후루 후루 마라후루 하례

4)호로 호로 마라호로 하례

5)호로 호로 마라호로 하례

---

1)莽賀 跛那莽 曩婆(七十四)

2)Mahā padma nābha

3)마하 빠드마 나바

4) 바나마 나바

5) 바느마 나바

---

1)薩囉 薩囉(七十五)

2)Sara sara

3)사라 사라

4)사라 사라

5)사라 사라

𑖭𑖰𑖨𑖰𑖭𑖰𑖨𑖰

1)徙哩 徙哩(七十六)

2)Siri siri

3)시리 시리

4)시리 시리

5)시리 시리

𑖭𑖲𑖨𑖲𑖭𑖲𑖨𑖲

1)蘇嚕 蘇嚕(七十七)

2)Suru suru

3)수루 수루

4)소로 소로

5)소로 소로

𑖦𑖲𑖨𑖲𑖦𑖲𑖨𑖲

1)母嚕 母嚕(七十八)

2)Muru muru

3)무루 무루

4)현행대비주에서는 누락

5)망월사본에서는 누락

---

1)母地也 母地也(七十九)

2)Buddhya buddhya

3)붇디야 붇디야

4)못 자 못 자

5)몯 댜 몯 댜

---

1)冒大也 冒大也(八十)

2)Boddhaya boddhaya

3)볻다야 볻다야

4)모다야 모다야

5)모다야 모다야

---

1)弭帝(八十一)

2)Maite

3)마이떼

4)매 다(리야)

5)믜 드(리야)

---

1)儞囉建姹 翳醯 兮 摩莽思體多 徙應賀母佉(八十二)

2)Nirakam.ta ehye he mamasthita syim.hamukha

3)니라깜따 에히예 헤 마마스티따 심하무카

4)니라간타

5)니라간타

---

1)賀娑 賀娑(八十三)

2)Hasa hasa

3)하사 하사

4)현행대비주에서는 누락

5)망월사본에서는 누락

---

1)悶左 悶左(八十四)

2)Mum.ca mum.ca

3)뭄짜 뭄짜

4)현행대비주에서는 누락

5)망월사본에서는 누락

---

1)莽賀吒吒 賀珊(八十五)

2)Mahāt.āt.a hasam.

3)마하따따 하삼

4)현행대비주에서는 누락

5)망월사본에서는 누락

---

1)翳醯 兮 抱 莽賀 悉陀諭詣濕嚩羅(八十六)

2)Ehye he pam. mahā siddhayuge`svara

3)에히예 헤 빰 마하 싣다유게슈와라

4)현행대비주에서는 누락

5)망월사본에서는 누락

---

1)娑拏 娑拏 嚩濟(八十七)

2)San.a san.a vāce

3)사나 사나 와쩨

4)현행대비주에서는 누락

5)망월사본에서는 누락

---

1)些大耶 些大耶 尾儞延(八十八)

2)Sadhaya sadhaya vidhyam.

3)사다야 사다야 위드얌

4)현행대비주에서는 누락

5)망월사본에서는 누락

---

1)徙莽囉 徙莽羅(八十九)

2)Smara smara

3)스마라 스마라

4)현행대비주에서는 누락

5)망월사본에서는 누락

---

1)瞻婆誐滿單 [口+路]枳多 尾[口+路]枳單(九十)

2)`Sam.bhagavam.tam. lokita vilokitam.

3)삼바가왐땀 로끼따 월로끼땀

4)현행대비주에서는 누락

5)망월사본에서는 누락

---

1)[口+路]計濕嚩[口+闌] 怛他誐單(九十一)

2)Loke`svaram. tathāgatam.

3)로께슈와람 따타가땀

4)현행대비주에서는 누락

5)망월사본에서는 누락

---

1)娜娜醯名 娜哩捨曩(九十二)

2)Dadāheme dar.`sana

3)다다헤메 다르샤나

4)현행대비주에서는 누락

5)망월사본에서는 누락

---

1)迦莽寫 那哩捨難(九十三)

2)Kamasya dar.`sanam.

3)까마스야 다리샤남

4)가마사　날　사남

5)가마샤　늘　샤남

---

1)跛囉紇邏娜耶 莽曩 莎賀(九十四)

2)Prakradaya mana svāhā

3)쁘라끄라다야 마나 스와하

4)바라하라나야 마낙 사바하

5)ᄇᆞ라ᄒᆞ라나야 마낙 ᄉᆞ바하

---

1)悉馱也 莎賀(九十五)

2)Siddhāya svāhā

3)싣다야 스와하

4)싣다야 사바하

5)싣다야 ᄉᆞ바하

---

1)莽賀 悉馱也 莎賀(九十六)

2)Mahā siddhāya svāhā

3)마하 싣다야 스와하

4)마하 싣다야 사바하

5)마하 싣다야 ᄉᆞ바하

---

1)莽賀 悉馱也 莎賀(九十七)

2)Mahā siddhāya svāhā

3)마하 싣다야 스와하

4)현행대비주에서는 누락

5)망월사본에서는 누락

---

1)悉馱 諭詣 濕嚩邏耶 莎賀(九十八)

2)Siddhā yoge `svaraya svāhā

3)싣다 요게 슈와라야 스와하

4)신다 유예 새바라야 사바하

5)신다 유예 ᄉᆡ바라야 ᄉᆞ바하

---

1)儞羅建姹耶 莎賀(九十九)

2)Nirakam.t.aya svāhā

3)니라깜따야 스와하

4)니라간타야 사바하

5)니라간타야 ᄉᆞ바하

---

1)嚩囉賀 母佉耶 莎賀(一百)

2)Varāha mukhāya svāhā

3)와라하 무카야 스와하

4)바라하 목카

5)바라하 목카

---

1)莾賀娜邏 徙應賀 母佉耶 莎賀(一百一)

2)Mahādara syim.ha mukhaya svāhā

3)마하다라 심하 무카야 스와하

4) 싱하 목카야 사바하

5) 싱하 목카야 ᄉᆞ바하

---

1)悉馱 尾儞夜達邏耶 莎賀(一百二)

2)Siddha viddhyadharaya svāhā

3)신다 왿디야다라야 스와하

4)현행대비주에서는 누락

5)망월사본에서는 누락

---

1)跛娜莽 賀薩跢耶 莎賀(一百三)

2)Padma hastaya svāhā

3)빠드마 하스따야 스와하

4)바나마 하　따야 사바하

5)바ᄂᆞ마 하 ᄯᅡ야 ᄉᆞ바하

---

1)訖哩史拏 薩波 訖哩[亭+夜]也 爾諭跛尾跢耶 莎賀(一百四)

2)Kr.s.n.i sarpa kr.dhya yajyopavitaya svāhā

3)끄리쓰니 사르빠 끄리디야 야죠빠위따야 스와하

4)현행대비주에서는 누락

5)망월사본에서는 누락

---

1)莽賀 攞矩吒 陀邏耶 莎賀(一百五)

2)Mahā lakut.a dharāya svāhā

3)마하 라꾸따 다라야 스와하

4)마하 라구타 다라야 사바하(순서바뀜.3)

5)마하 라구타 다라야 ᄉᆞ바하(순서바뀜.3)

---

1)斫羯囉 庾馱耶 莎賀(一百六)

2)Cakra yudhaya svāhā

3)짜끄라 유다야 스와하

4)자가라 욕다야 사바하(순서바뀜.1)

5)자ᄀᆞ라 욕다야 ᄉᆞ바하(순서바뀜.1)

---

1)勝佉 攝那儞 冐馱曩耶 莎賀(一百七)

2)`San,kha `sabdani boddhanāya svāhā

3)샹카 샵다니 봇다나야 스와하

4)상카 섭나네 모다나야 사바하(순서바뀜.2)

5)샹카 셥나녜 모다나야 ᄉᆞ바하(순서바뀜.2)

---

1)摩莽思建陀 味沙思體多 訖哩史拏爾曩耶 莎賀(一百八)

2)Mamaskanda vis.asthita kr.s.n.ijināya svāhā

3)마마스깐다 위싸스티따 끄리쓰니지나야 스와하

4)바마사간타 이사시체다 가릿나 이나야 사바하

5)바마ᄉᆞ간타 니샤시톄다 ᄀᆞ릿나 이나야 ᄉᆞ바하

---

1)弭夜伝囉 折莽 儞嚩娑曩耶 莎賀(一百九)

2)Vyāghra cama nivasanāya svāhā

3)위야그라 짜마 니와사나야 스와하

4)먀 가라 잘마 이바사나야 사바하

(나모라 다나다라 야야 나막 알야 바로기제 새타라야 사바하)

5)먀 ᄀᆞ라 잘마 니바사나야 ᄉᆞ바하

(나모라 ᄃᆞ나ᄃᆞ라 야야 나막 알야 바로기뎨 ᄉᆡ바라야 ᄉᆞ바하)

---

1)[口+路]計濕嚩羅耶 莎賀(一百十)

2)Loke`svarāya svāhā

3)로께슈와라야 스와하

4)현행대비주에서는 누락

5)망월사본에서는 누락

---

1)薩摩 悉第濕嚩羅耶 莎賀(一百十一)

2)Sarva siddhe`svaraya svāhā

3)사르와 싣데슈와라야 스와하

4)현행대비주에서는 누락

5)망월사본에서는 누락

---

1)曩慕 婆誐嚩諦 阿哩夜 嚩[口+路]枳諦濕嚩囉耶 (一百十二/一)

2)Namo bhagavate āryā valokite`svarāya

3)나모 바가와떼 아리야 왈로끼떼슈와라야

4)현행대비주에서는 누락

5)망월사본에서는 누락

---

1)冐地薩怛嚩耶 莽賀薩怛嚩耶 莽賀迦嚕嚀迦耶(一百十二/二)

2)bodhisatvāya mahāsatvāya mahākārun.ikāya

3)보디사뜨와야 마하사뜨와야 마하까루니까야

4)현행대비주에서는 누락

5)망월사본에서는 누락

---

1)悉殿睹名 滿多羅 跛娜耶　莎賀(一百十三)

2)Siddhyantume mantra padāya svāhā

3)싣디얀뚜메 만뜨라 빠다야 스와하

4)현행대비주에서는 누락

5)망월사본에서는 누락

(별도첨부내용)------------------------------------

1. 천수대비주(千手大悲呪) 금강지역본(金剛智譯本) 대정신수대장경원문(大正新脩大藏經原文) 전문(全文)

曩慕囉怛曩怛囉夜耶(一)曩莫阿哩夜(二)嚩[口+路]枳諦濕嚩囉耶(三)冒地薩多嚩耶(四)莽賀薩多嚩耶(五)莽賀迦嚕腬迦耶(六)薩摩滿陀曩(七)泚娜曩迦囉耶(八)薩摩婆嚩(九)娑母捺嘮酢灑拏迦囉耶(十)薩摩彌夜地(十一)跛囉捨莽曩迦囉耶(十二)薩謎底多庾跛奈囉嚩(十三)尾那捨曩迦囉耶(十四)薩摩婆曳數(十五)怛囉拏迦囉耶(十六)彈思每曩莽思吉哩多嚩伊那摩阿哩夜(十七)嚩[口+路]枳帝濕嚩囉皤使單儞羅建姹閉(十八)曩莽纈哩娜耶(十九)摩物刺彈以使夜弭(二十)薩末他些馱建(二十一)戍畔阿爾延(二十二)薩摩部跢南(二十三)婆嚩末誐尾戍馱劍(二十四)怛儞也他(二十五)唵(二十六)阿[口+路]計阿[口+路]迦莽底(二十七)[口+路]迦底訖[口+蘭]諦傒賀[口+隸]阿哩夜(二十八)嚩[口+路]枳諦濕嚩羅(二十九)莽賀冒地薩多嚩(三十)傒冒地薩多嚩(三十一)傒莽賀冒地薩多嚩(三十二)傒比哩也冒地薩多嚩(三十三)傒莽賀迦嚕腬迦(三十四)徙莽囉纈哩娜延(三十五)呬呬賀[口+隸]阿哩耶(三十六)嚩[口+路]枳諦濕嚩囉(三十七)莽傒濕嚩囉(三一八)跛囉莽多囉質多(三十九)莽賀迦嚕腬迦(四十)矩嚕矩嚕羯滿些大耶些大耶(四十一)尾儞延(四十二)腬傒禰傒多嚩[口+蘭](四十三)迦滿誐莽(四十四)尾捍誐莽尾誐莽悉陀諭儗濕嚩囉(四十五)杜嚕杜嚕尾演底(四十六)莽賀尾演底(四十七)馱囉馱羅達[口+隸]印涅[口+隸]濕嚩羅(四十八)左攞左攞尾莽邏莽羅(四十九)阿哩夜(五十)嚩[口+路]枳帝濕嚩羅(五十一)爾曩訖哩使拏(五十二)惹吒莽矩吒(五十三)嚩覽摩跛羅覽摩尾覽摩(五十四)莽賀徙陀尾儞夜馱囉(五十五)皤羅皤囉莽賀皤囉(五十六)麼攞麼攞莽賀麼攞(五十七)左囉左囉莽賀左囉(五

十八)訖哩史拏物[口+栗]拏儞[口+栗]伽(五十九)訖哩史拏跛乞灑怩茄跢曩(六十)傒跛娜莽賀徙多(六十一)左羅左羅聹舍左[口+隸]濕嚩囉(六十二)訖哩史拏薩囉跛訖哩彈也爾謚跛尾多(六十三)翳傒兮莽賀嚩囉賀母佉(六十四)怛哩補囉娜賀寧濕嚩囉(六十五)曩囉也拏嚩[口+路]跛(六十六)嚩羅末誐阿唎傒聹羅建姹傒麼賀迦羅(六十七)賀羅賀羅(六十八)尾沙怩爾跢[口+路]迦寫(六十九)囉誐尾沙尾曩捨曩(七十)那味沙尾沙尾曩捨曩(七十一)慕賀尾沙尾曩捨曩(七十二)戶嚕戶嚕莽羅戶嚕賀[口+隸](七十三)莽賀跛那莽曩婆(七十四)薩囉薩囉(七十五)徙哩徙哩(七十六)蘇嚕蘇嚕(七十七)母嚕母嚕(七十八)母地也母地也(七十九)冐大也冐大也(八十)弭帝(八十一)儞囉建姹翳醯兮摩莽思體多徙應賀母佉(八十二)賀娑賀娑(八十三)悶左悶左(八十四)莽賀吒吒賀珊(八十五)翳醯兮抱莽賀悉陀謚詣濕嚩羅(八十六)娑拏娑拏嚩濟(八十七)些大耶些大耶尾儞延(八十八)徙莽囉徙莽羅(八十九)膽婆誐滿單[口+路]枳多尾[口+路]枳單(九十)[口+路]計濕嚩[口+闌]怛他誐單(九十一)娜娜醯名娜哩捨曩(九十二)迦莽寫那哩捨難(九十三)跛囉紇邏娜耶莽曩莎賀(九十四)悉馱也莎賀(九十五)莽賀悉馱也莎賀(九十六)莽賀悉馱也莎賀(九十七)悉馱謚詣濕嚩邏耶莎賀(九十八)儞羅建姹耶莎賀(九十九)嚩囉賀母佉耶莎賀(一百)莽賀娜邏徙應賀母佉耶莎賀(一百一)悉馱尾儞夜達邏耶莎賀(一百二)跛娜莽賀薩跢耶莎賀(一百三)訖哩史拏薩波訖哩[亭+夜]也爾謚跛尾跢耶莎賀(一百四)莽賀攞矩吒陀邏耶莎賀(一百五)斫羯囉庾馱耶莎賀(一百六)勝佉攝那儞冐馱曩耶莎賀(一百七)摩莽思建陀味沙思體多訖哩史拏爾曩耶莎賀(一百八)弭夜佉囉折莽儞嚩娑曩耶莎賀(一百九)[口+路]計濕嚩羅耶莎賀(一百一十)薩摩悉第濕嚩羅耶莎賀(一百一十一)曩慕婆誐嚩諦阿哩夜嚩[口+路]枳諦濕嚩囉耶冐地薩怛嚩耶莽賀薩怛嚩耶莽賀迦嚕聹迦耶(一百一十二)悉殿睹名滿多羅跛娜耶莎賀(一百一十三)

(별도첨부내용)---

2. 천수대비주 범어원음[로마나이즈표기]---금강지본전문(金剛智本全文)

Namo rātna trayāya(1)
Namah: āryā(2)
Valokite`svarāya(3)
Bodhisatvāya(4)
Mahāsatvāya(5)
Mahākārun.ikāya(6)
Sarva bandhana(7)
Cchedana karāya(8)
Sarva bhava(9)
Samudram. suks.an.a karāya(10)
Sarva vyadhi(11)
Pra`samana karāya(12)
Sarvetityu padrava(13)
Vinā`sana karāya(14)
Sarva bhayes.yo(15)
Tran.a karāya(16)
Tasmai namaskr.tvā inama aryā(17)
Valokite`svara bhas.itam. nirakam.t.abhe(18)
Nāma hr.daya(19)
Mavrataicchyami(20)
Sarvā thasadhakam.(21)

`Suvam. ajiyam.(22)
Sarva bhūtanam.(23)
Bhavamarga vi`suddhakam.(24)
Tadyathā(25)
Om.(26)
Āloke āloka mati(27)
Lokā tikram.te he hare āryā(28)
Valokite`svara(29)
Mahābodhisatva(30)
He bodhisatva(31)
He mahābodhisatva(32)
He virya bodhisatva(33)
He mahākārun.ikā(34)
Smara hr.dayam.(35)
Hi hi hare āryā(36)
Valokite`svara(37)
Mahe`svara(38)
Parama tracitta(39)
Mahākārun.ikā(40)
Kuru kuru karmam. sadhaya sadhaya(41)
Vidhyam.(42)
N.ihe n.ihe tavaram.(43)
Kamam. gama(44)
Viham.gama vigama siddhayuge`svara(45)
Dhuru dhuru viyanti(46)
Mahā viyanti(47)

Dhara dhara dharendra`svara(48)
Cala cala vimala mara(49)
Āryā(50)
Valokite`svara(51)
Jina kr.s.n.i(52)
Jatā makuta(53)
Varam.ma praram.ma viram.ma(54)
Mahāsiddha vidyadhara(55)
Vara vara mahāvara(56)
Bala bala mahābala(57)
Cara cara mahācara(58)
Kr.s.n.i vr.n.a dīrgha(59)
Kr.s.n.i paks.a dīrghatana(60)
He padma hasti(61)
Cara cara di`sacale`svara(62)
Kr.s.n.i sarapa kr.ta yajyopavita(63)
Ehye he mahā varahamukha(64)
Tripūra dahane`svara(65)
Narayan.a varupa(66)
Varamarga ari he nirakam.ta he mahākāra(67)
Hara hara(68)
Vis.a nirjita lokasya(69)
Rāgavis.a vinā`sana(70)
Dvis.avis.a vinā`sana(71)
Mohavis.a vinā`sana(72)
Hulu hulu marahulu hale(73)

Mahā padma nābha(74)
Sara sara(75)
Siri siri(76)
Suru suru(77)
Muru muru(78)
Buddhya buddhya(79)
Boddhaya boddhaya(80)
Maite(81)
Nirakam.ta ehye he mamasthita syim.hamukha(82)
Hasa hasa(83)
Mum.ca mum.ca(84)
Mahāt.āt.a hasam.(85)
Ehye he pam. mahā siddhayuge`svara(86)
San.a san.a vāce(87)
Sadhaya sadhaya vidhyam.(88)
Smara smara(89)
`Sam.bhagavam.tam. lokita vilokitam.(90)
Loke`svaram. tathāgatam.(91)
Dadāheme dar`sana(92)
Kamasya dar.`sanam.(93)
Prakradaya mana svāhā(94)
Siddhāya svāhā(95)
Mahā siddhāya svāhā(96)
Mahā siddhāya svāhā(97)
Siddhā yoge `svaraya svāhā(98)
Nirakam.t.aya svāhā(99)

Varāha mukhāya svāhā(100)
Mahādara syim.ha mukhaya svāhā(101)
Siddha viddhyadharaya svāhā(102)
Padma hastaya svāhā(103)
Kr.s.n.i sarpa kr.dhya yajyopavitaya svāhā(104)
Mahā lakut.a dharāya svāhā(105)
Cakra yudhaya svāhā(106)
`San,kha `sabdani boddhanāya svāhā(107)
Mamaskanda vis.asthita kr.s.n.ijināya svāhā(108)
Vyāghra cama nivasanāya svāhā(109)
Loke`svarāya svāhā(110)
Sarva siddhe`svaraya svāhā(111)
Namo bhagavate āryā valokite`svarāya bodhisa:vāya mahāsatvāya mahākārun.ikāya(112)
Siddhyantume mantra padāya svāhā(113)

(별도첨부내용)--

3. 천수대비주 범어원음[한글표기]---금강지본전문(金剛智本全文)

나모 라뜨나 뜨라야야(1) 나막 아리야(2) 왈로끼떼슈와라야(3) 보디사뜨와야(4) 마하사뜨와야(5) 마하까루니까야(6) 사르와 반다나(7) 쩨다나 까라야(8) 사르와 바와(9) 사무드람 숙싸나 까라야(10) 사르와 위야디(11) 쁘라샤마나 까라야(12) 사르웨띠뜌 빠드라와(13) 위나샤나 까라야(14) 사르 와 바예쓰요(15) 뜨라나 까라야(16) 따스마이 나마스끄리뜨와 이나마 아리야(17) 왈로끼떼슈와라 바씨땀 니라깜따베(18) 나마 흐리다야(19) 마브라따이찌야미(20) 사르와 타사다깜(21) 슈왐 아지얌(22) 사르와 부따남(23) 바와마르가 위슏다깜(24) 따드야타(25) 옴(26) 알로께 알로까 마띠(27) 로까 띠끄람떼 헤 하레 아리야(28) 왈로끼떼슈와라(29) 마하보디사뜨와(30) 헤 보디사뜨와(31) 헤 마하보디사뜨와(32) 헤 위리야 보디사뜨와(33) 헤 마하까루니까(34) 스마라 흐리다얌(35) 히 히 하레 아리야(36) 왈로끼떼슈와라(37) 마헤슈와라(38) 빠라마 뜨라찌따(39) 마하까루니까(40) 꾸루 꾸루 까르맘 사다야 사다야(41) 위드얌(42) 니헤 니헤 따와람(43) 까맘 가마(44) 위함가마 위가마 싣다유게슈와라(45) 두루 두루 위얀티(46) 마하 위얀띠(47) 다라 다라 다렌드라슈와라(48) 짜라 짜라 위마라 마라(49) 아리야(50) 왈로끼떼슈와라(51) 지나 끄리쓰니(52) 자따 마꾸따(53) 와람마 쁘라람마 위람마(54) 마하싣다 위드야다라(55) 와라 와라 마하와라(56) 바라 바라 마하바라(57) 짜라 짜라 마하짜라(58) 끄리쓰니 브리나 디르가(59) 끄리쓰니 빠끄싸 디르가따나(60) 헤 빠드마 하스띠(61) 짜라 짜라 디샤짜레슈와라(62) 끄리쓰니 사라빠 끄리따 야죠빠위따(63) 에

히예 헤 마하 와라하무카(64) 뜨리뿌라 다하네슈와라(65) 나라야나 와루빠(66) 와라마르가 아리 헤 니라깜따 헤 마하까라(67) 하라 하라(68) 위싸 니르지따 로까스야(69) 라가위싸 위나샤나(70) 드위싸위싸 위나샤나(71) 모하위싸 위나샤나(72) 후루 후루 마라후루 하레(73) 마하 빠드마 나바(74) 사라 사라(75) 시리 시리(76) 수루 수루(77) 무루 무루(78) 붇디야 붇디야(79) 볻다야 볻다야(80) 마이떼(81) 니라깜따 에히예 헤 마마스티따 심하무카(82) 하사 하사(83) 뭄짜 뭄짜(84) 마하따따 하삼(85) 에히예 헤 빰 마하 싣다유게슈와라(86) 사나 사나 와쩨(87) 사다야 사다야 위드얌(88) 스마라 스마라(89) 샴바가왐땀 로끼따 윌로끼땀(90) 로께슈와람 따타가땀(91) 다다헤메 다르샤나(92) 까마스야 다리샤남(93) 쁘라끄라다야 마나 스와하(94) 싣다야 스와하(95) 마하 싣다야 스와하(96) 마하 싣다야 스와하(97) 싣다 요게 슈와라야 스와하(98) 니라깜따야 스와하(99) 와라하 무카야 스와하(100) 마하다라 심하 무카야 스와하(101) 싣다 윋디야다라야 스와하(102) 빠드마 하스따야 스와하(103) 끄리쓰니 사르빠 끄리디야 야죠빠위따야 스와하(104) 마하 라꾸따 다라야 스와하(105) 짜끄라 유다야 스와하(106) 샹카 샵다니 볻다나야 스와하(107) 마마스깐다 위싸스티따 끄리쓰니지나야 스와하(108) 위야그라 짜마 니와사나야 스와하(109) 로께슈와라야 스와하(110) 사르와 싣데슈와라야 스와하(111) 나모 바가와떼 아리야 왈로끼떼슈와라야 보디사뜨와야 마하사뜨와야 마하까루니까야(112) 싣디얀뚜메 만뜨라 빠다야 스와하(113)

(별도첨부내용)---

4.현행(現行) 천수대비주[한글표기]---금강지본발췌문(金剛智本拔萃文)

나모라 다나다라 야야 나막알야 바로기제 새바라야 모지사다바야 마하사다바야 마하가로 니가야 옴살바 바예수 다라나 가라야 다사명 나막가리다바 이맘알야 바로기제 새바라 다바 니라간타 나막하리나야 마발다 이사미 살발타 사다남 수반 아예염 살바 보다남 바바말아 미수다감 다냐타 옴 아로계 아로가 마지로가 지가란제 혜혜하례 마하모지 사다바 사마라 사마라 하리나야 구로구로 갈마 사다야 사다야 도로도로 미연제 마하미연제 다라다라 다린나례 새바라 자라자라 마라 미마라 아마라 몰제예 혜혜로계 새바라 라아미사미 나사야 나베 사미사미 나사야 모하자라 미사미 나사야 호로호로 마라호로 하례 바나마 나바 사라사라 시리시리 소로소로 못자못자 모다야 모다야 매다리야 니라간타 가마사 날사남 바라 하라나야 마낙 사바하 싣다야 사바하 마하싣다야 사바하 싣다유예 새바라야 사바하 니라간타야 사바하 바라하 목카싱하 목카야 사바하 바나마 하따야 사바하 자가라 욕다야 사바하 상카섭나네 모다나야 사바하 마하라 구타다라야 사바하 바마사간타 니사시체다 가릿나 이나야 사바하 먀가라 잘마 이바사나야 사바하

나모라 다나다라 야야 나막알야 바로기제 새바라야 사바하
나모라 다나다라 야야 나막알야 바로기제 새바라야 사바하
나모라 다나다라 야야 나막알야 바로기제 새바라야 사바하

(별도첨부내용)---

5.조선시대 망월사본 천수대비주[한글표기]---금강지본발췌문(金剛智本拔萃文)

나모라 ᄃᆞ나ᄃᆞ라 야야 나막알약 바로기데 ᄉᆡ바라야 모디사ᄃᆞ바야 마하 사ᄃᆞ바야 마하가로 니가야 옴살바 바예수 ᄃᆞ라나 가라야 다샤명 나막 ᄭᆞ리ᄃᆞ바 이맘알야 바로기데 ᄉᆡ바라 다바 니라간타 나막ᄒᆞ리나야 마발 다 이샤미 살발타 사다남 슈반 애예염 살바 보다남 바바말아 미슈다감 다냐타 옴 아로계 아로가 마디로가 디ᄀᆞ란데 혜혜하례 마하모디 사ᄃᆞ 바 ᄉᆞ마라 ᄉᆞ마라 ᄒᆞ리나야 구로구로 갈마 사다야 사다야 도로도로 미 연데 마하미연데 다라다라 다린ᄂᆞ례 ᄉᆡ바라 자라자라 마라 미마라 아 마라 몰데예 혜혜로계 ᄉᆡ바라 라아미사미 나샤야 ᄂᆞ볘 사미사미 나샤 야 모하자라 미사미 나샤야 호로호로 마라호로 하례 바ᄂᆞ마 나바 사라 사라 시리시리 소로소로 몯 댜몯댜 모다야 모다야 ᄆᆡᄃᆞ리야 니라간타 가마샤 ᄂᆞᆯ샤남 ᄇᆞ라 ᄒᆞ라나야 마낙 ᄉᆞ바하 싣다야 ᄉᆞ바하 마하싣다야 ᄉᆞ바하 싣다유예 ᄉᆡ바라야 ᄉᆞ바하 니라간타야 ᄉᆞ바하 바라하 목카싱하 목카야 ᄉᆞ바하 바ᄂᆞ마 하ᄉ다야 ᄉᆞ바하 자ᄀᆞ라 욕다야 ᄉᆞ바하 샹카셥나 녜 모다나야 ᄉᆞ바하 마하라 구타다라야 ᄉᆞ바하 바마ᄉᆞ간타 니샤시톄다 ᄀᆞ릿나 이나야 ᄉᆞ바하 먀ᄀᆞ라 잘마 니바사나야 ᄉᆞ바하

나모라 ᄃᆞ나ᄃᆞ라 야야 나막알야 바로기데 ᄉᆡ바라야 ᄉᆞ바하
나모라 ᄃᆞ나ᄃᆞ라 야야 나막알야 바로기데 ᄉᆡ바라야 ᄉᆞ바하
나모라 ᄃᆞ나ᄃᆞ라 야야 나막알야 바로기데 ᄉᆡ바라야 ᄉᆞ바하

(3) 다라니(陀羅尼)와 대중(大衆)의 옹호(擁護)

原文)--

觀世音菩薩說此呪已 大地六變震動 天雨寶華繽紛而
관세음보살설차주이 대지육변진동 천우보화빈분이
下 十方諸佛悉皆歡喜 天魔外道恐怖毛竪 一切衆會
하 시방제불실개환희 천마외도공포모수 일체중회
皆獲果證 或得須陀洹果 或得斯陀含果 或得阿那含
개획과증 혹득수다원과 혹득사다함과 혹득아나함
果 或得阿羅漢果者 或得一地 二地 三地 四地 五地
과 혹득아라한과자 혹득일지 이지 삼지 사지 오지
乃至十地者 無量衆生 發菩提心
내지십지자 무량중생 발보리심

譯解) 관세음보살(觀世音菩薩)께서 이 주(呪)를 말씀하시고 마치시니 대지(大地)가 여섯 가지로 변(變)하면서 진동(震動)하였으며, 하늘에서는 비처럼 보배로운 꽃들이 수없이 내렸고, 시방(十方)의 모든 부처님이 모두 다 기뻐하셨으며, 하늘의 마(魔)와 외도(外道)는 두려워 털이 곤두섰으나 법회(法會)에 모인 일체(一切) 대중(大衆)들은 모두 도과(道果)를 증득(證得)하여 얻었으니 혹(或)은 수다원과(須陀洹果)를 얻기도 하고, 혹(或)은 사다함과(斯陀含果)를 얻기도 하고, 혹(或)은 아나함과(阿那含果)를 얻기도 하고, 혹(或)은 아라한과(阿羅漢果)를 얻기도 하고, 혹(或)은 일지(一地), 이지(二地), 삼지(三地), 사지(四地), 오지(五地) 더 나아가서 십지(十地)를 얻어 헤아릴 수 없는 대중(大衆)들은 보리심(菩提心)을 일으키게 되었다.

原文)-----------------------------------

爾時 大梵天王 從座而起 整理衣服 合掌恭敬 白觀
이시 대범천왕 종좌이기 정리의복 합장공경 백관
世音菩薩言 善哉大士 我從昔來 經無量佛會 聞種種
세음보살언 선재대사 아종석래 경무량불회 문종종
法種種陀羅尼 未曾聞說 如此無礙大悲心大悲陀羅尼
법종종다라니 미증문설 여차무애대비심대비다라니
神妙章句 唯願大士 為我說此陀羅尼形貌狀相 我等
신묘장구 유원대사 위아설차다라니형모상상 아등
大衆 願樂欲聞
대중 원락욕문

譯解) 그때에 대범천왕(大梵天王)이 자리에서 일어나 단정(端整)하게 의복(衣服)을 정리(整理)하고 두 손을 모아 공경(恭敬)하면서 관세음보살(觀世音菩薩)께 말씀하였다. 훌륭하시옵니다. 대사(大士)이시여! 제가 옛날부터 헤아릴 수 없는 부처님 법회(法會)를 지나오면서 가지가지의 법(法)과 가지가지의 다라니(陀羅尼)를 들어 왔사오나 아직까지 설명(說明)으로 들어보지 못한 이와같은 무애대비심대비다라니신묘장구(無礙大悲心大悲陀羅尼神妙章句)이옵니다. 오직 대사(大士)께 원(願)하옵건데 저에게 이 다라니(陀羅尼)의 모습을 설명(說明)해 주신다면 저와 대중(大衆)들은 즐겁게 듣도록 하겠사옵니다.

原文)--

觀世音菩薩告梵王言 汝為方便利益一切衆生故 作如
관세음보살고범왕언 여위방편이익일체중생고 작여
是問 汝今善聽 吾為汝等略說少耳
시문 여금선청 오위여등약설소이

譯解) 관세음보살(觀世音菩薩)께서 범천왕(梵天王)에게 일러 말씀하셨다. 네가 방편(方便)으로서 일체(一切) 중생(衆生)을 이익(利益)되게 하려는 까닭에 이와같이 묻는구나. 너는 이제 잘 들어라! 내가 너희들에게 간략(簡略)하게 설(說)하리라.

原文)--

觀世音菩薩言 大慈悲心是 平等心是 無為心是 無染
관세음보살언 대자비심시 평등심시 무위심시 무염

著心是 空觀心是 恭敬心是 卑下心是 無雜亂心 無
착심시 공관심시 공경심시 비하심시 무잡란심 무
見取心是 無上菩提心是 當知如是等心 即是 陀羅
견취심시 무상보리심시 당지여시등심 즉시 다라
尼相貌 汝當依此而修行之 大梵王言 我等大衆 今始
니상모 여당의차이수행지 대범왕언 아등대중 금시
識此陀羅尼相貌 從今受持 不敢忘失
식차다라니상모 종금수지 불감망실

譯解) 관세음보살(觀世音菩薩)께서 말씀하시었다. 대자비심(大慈悲心)이며, 평등심(平等心)이며, 무위심(無爲心)이며, 무염착심(無染着心)이며, 공관심(空觀心)이며, 공경심(恭敬心)이며, 비하심(卑下心)이며, 무잡란심(無雜亂心)이며, 무견취심(無見取心)이며, 무상보리심(無上菩提心)이니, 마땅히 알라! 이와같은 마음들이 곧 다라니(陀羅尼)의 모습이니 너희들은 마땅히 이러한 마음에 의지(依支)해 닦아 나아가야 하느니라. 대범천왕(大梵天王)이 말씀하시길 저와 대중(大衆)들은 이제 비로소 이 다라니(陀羅尼)의 모습을 알게 되었사오니 이제부터라도 받아 지녀서 감(敢)히 잊어버리지 않겠사옵니다.

原文)--

觀世音言 若善男子 善女人 誦持此神呪者 發廣大菩

관세음언 약선남자 선여인 송지차신주자 발광대보
提心 誓度一切衆生 身持齋戒 於諸衆生 起平等心
리심 서도일체중생 신지재계 어제중생 기평등심
常誦此呪 莫令斷絕 住於淨室 澡浴淸淨 著淨衣服
상송차주 막령단절 주어정실 조욕청정 착쟁의복
懸旛燃燈 香華百味飮食 以用供養 制心一處 更莫異
현번연등 향화백미음식 이용공양 제심일처 경막이
緣 如法誦持
연 여법송지

譯解) 관세음(觀世音)께서 말씀하시었다. 만약 선남자(善男子) 선여인(善女人)이 이 신주(神呪)를 지녀서 외우려고 한다면 넓고 크게 깨닫고자하는 마음을 일으켜 맹세코 일체(一切) 중생(衆生)을 번뇌(煩惱)에서 벗어나게 하고, 몸은 부정(不正)한 일을 멀리하여 깨끗이 하며, 모든 중생에게 평등(平等)한 마음을 일으키면서 항상(恒常) 이 신주(神呪) 외우기를 끊김이 없도록 해야 하느니라. 깨끗한 집에서 머물며 깨끗하게 목욕(沐浴)하여 씻고 깨끗한 의복(衣服)을 입으며 깃발과 연등(燃燈)을 매달고, 향(香)과 꽃과 백(百)가지 맛있는 음식(飮食)으로 공양(供養)을 올려서 마음을 한곳에 바로잡고 달리 연연(緣緣)함이 없도록 하여 법(法)답게 지녀서 외워야 하느니라.

原文)---------------------------------------

是時當有 日光菩薩 月光菩薩 與無量神仙 來為作證
시시당유 일광보살 월광보살 여무량신선 래위작증
益其效驗 我時當以千眼照見 千手護持 從是以往 所
익기효험 아시당이천안조견 천수호지 종시이왕 소
有世間經書 悉能受持 一切外道法術 韋陀典籍 亦能
유세간경서 실능수지 일체외도법술 위타전적 역능
通達 誦持此神呪者 世間八萬四千種病 悉皆治之 無
통달 송지차신주자 세간팔만사천종병 실개치지 무
不差者
불차자

譯解) 이때에 마땅히 존재(存在)하는 일광보살(日光菩薩), 월광보살(月光菩薩)과 더불어 헤아릴 수 없는 신선(神仙)이 와서 증명(證明)을 일으킬 것이니 그 효험(效驗)을 더하게 될 것 이니라. 내가 그때 마땅히 천안(天眼)으로 비추어 보고 천수(千手)로 보호(保護)하여 지킬 것이니라. 이에 따라 이후(以後)에는 언제나 세상(世上)에 있는 경서(經書) 모두를 능(能)히 받아 지니게 하고, 일체(一切) 외도(外道)의 법술(法術)과 틀려서 위험(危險)한 경전(經典)과 서적(書籍)등도 또한 능(能)히 통달(通達)하게 할 것이니라. 이 신주(神呪)를 지녀서 외운다면, 세간(世間)의 팔만사천(八萬四千) 종류(種類)의 병(病)을 모두 다

치료(治療)해서 낫지 않음이 없도록 할 것 이니라.

原文)---

亦能使令一切鬼神 降諸天魔 制諸外道 若在山野 誦
역능사령일체귀신 항제천마 제제외도 약재산야 송
經坐禪 有諸山精雜魅魍魎鬼神 橫相惱亂 心不安定
경좌선 유제산정잡매망량귀신 횡상뇌란 심불안정
者 誦此呪一遍 是諸鬼神 悉皆被縛也 若能如法誦持
자 송차주일편 시제귀신 실개피박야 약능여법송지
於諸衆生 起慈悲心者 我時當敕一切善神 龍王 金剛
어제중생 기자비심자 아시당칙일체선신 용왕 금강
密迹 常隨衛護 不離其側 如護眼睛 如護己命 說偈
밀적 상수위호 불리기측 여호안정 여호기명 설게
勅曰
칙왈

譯解) 또한 능(能)히 일체(一切)의 귀신(鬼神)들을 명령(命令)하여 부리고, 모든 천마(天魔)들에게는 항복(降伏)을 받아 모든 외도(外道)를 바로 잡을 것 이니라. 만약 산과 들에 있으면서 좌선(坐禪)하여 경(經)을 외울 때 존재(存在)하는 모든 산의 정령(精靈)이나 잡스런 요괴(妖怪) 도깨비들이 갑자기 마음을 괴롭혀 마음을 불안정(不安定)하게 할 때 이 주(呪)를 한번만 외우면, 이러한 모든 귀신[鬼神]이 모두다 결박(結縛)을 당(當)하게 되느니라. 만약 능(能)히 법(法)답게 지녀서 외우고 모든 중생(衆生)들에게 자비심(慈悲心)을 일으킨다면, 내가 그때 마땅히 일체(一切) 선신(善神)들에게 칙령(勅令)을 내리고 용왕(龍王), 금강밀적(金剛密迹)들이 항상(恒常) 호위(護衛)하며 따르게 하고, 그 사람 곁을 떠나지 않게 하여, 마치 눈과 눈동자를 보호(保護)하는 것처럼 해서는 마치 자기의 목숨을 보호(保護)하는 것 같이 하게 할 것 이니라. 게송(偈頌)으로 칙령(勅令)을 설(說明)하여 말씀하시니,

原文)---------------------------------------

我遣密跡金剛士　烏芻君荼鴦俱尸
아견밀적금강사　오추군다앙구시
八部力士賞迦羅　常當擁護受持者
팔부역사상가라　상당옹호수지자

我遣摩醯那羅延　金剛羅陀迦毘羅　常當擁護受持者
아견마혜나라연　금강라타가비라　상당옹호수지자

我遣婆馺娑樓羅　滿善車鉢眞陀羅　常當擁護受持者
아견파삽사루라　만선차발진타라　상당옹호수지자

我遣薩遮摩和羅 鳩闌單吒半祇羅 常當擁護受持者
아견살차마화라 구란단타반지라 상당옹호수지자

我遣畢婆伽羅王 應德毘多薩和羅 常當擁護受持者
아견필파가라왕 응덕비다살화라 상당옹호수지자

我遣梵摩三鉢羅 五部淨居炎摩羅 常當擁護受持者
아견범마삼발라 오부정거염마라 상당옹호수지자

我遣釋王三十三 大辯功德婆怛那 常當擁護受持者
아견석왕삼십삼 대변공덕파달나 상당옹호수지자

我遣提頭賴吒王 神母女等大力衆 常當擁護受持者
아견제두뢰타왕 신모녀등대력중 상당옹호수지자

我遣毘樓勒叉王 毘樓博叉毘沙門 常當擁護受持者
아견비루륵차왕 비루박차비사문 상당옹호수지자

我遣金色孔雀王 二十八部大仙衆 常當擁護受持者
아견금색공작왕 이십팔부대선중 상당옹호수지자

我遣摩尼跋陀羅 散支大將弗羅婆 常當擁護受持者
아견마니발타라 산지대장불라파 상당옹호수지자

我遣難陀跋難陀 婆伽羅龍伊鉢羅 常當擁護受持者
아견난타발난타 파가라용이발라 상당옹호수지자

我遣脩羅乾闥婆 迦樓緊那摩睺羅 常當擁護受持者
아견수라건달파 가루긴나마후라 상당옹호수지자

我遣水火雷電神 鳩槃茶王毘舍闍 常當擁護受持者
아견수화뢰전신 구반다왕비사사 상당옹호수지자

譯解) 내가 보내노라. 밀적금강역사(密跡金剛力士)와 오추슬마명왕(烏芻瑟摩明王)과 군다리명왕(君荼利明王)과 앙구시(鴦俱尸)와 팔부역사(八部力士)와 상가라(賞迦羅)는 항상(恒常) 신주(神呪)를 받아 지니는 자(者)를 마땅히 옹호(擁護)하라.

내가 보내노라. 마혜(摩醯)와 나라연(那羅延)과 금강라타(金剛羅陀)와 가비라(迦毘羅)는 항상(恒常) 신주(神呪)를 받아 지니는 자(者)를 마땅히 옹호(擁護)하라.

내가 보내노라. 바삽(婆駁)과 사루라(娑樓羅)와 만선차발(滿善車鉢)과 진다라(眞陀羅)는 항상(恒常) 신주(神呪)를 받아 지니는 자(者)를 마땅히 옹호(擁護)하라.

내가 보내노라. 살차(薩遮)와 마화라(摩和羅)와 구란단타(鳩蘭單吒)와 반지라(半祇羅)는 항상(恒常) 신주(神呪)를 받아 지니는 자(者)를 마땅히 옹호(擁護)하라.

내가 보내노라. 필바가라왕(畢婆伽羅王)과 응덕비다(應德毘多)와 살화라(薩和羅)는 항상(恒常) 신주(神呪)를 받아 지니는 자(者)를 마땅히 옹호(擁護)하라.

내가 보내노라. 범천왕(梵天王)과 마왕(魔王)과 삼발라(三鉢羅)와 오부정거(五部淨居)와 염마라(炎摩羅)는 항상(恒常) 신주(神呪)를 받아 지니는 자(者)를 마땅히 옹호(擁護)하라.

내가 보내노라. 제석천왕(帝釋天王)과 삼십삼천(三十三天)과 대변공덕(大辯功德)과 바달나(婆怛那)는 항상(恒常) 신주(神呪)를 받아 지니는 자(者)를 마땅히 옹호(擁護)하라.

내가 보내노라. 제두뢰타왕(提頭賴吒王)과 신모녀(神母女)등과 대력(大力)무리는 항상(恒常) 신주(神呪)를 받아 지니는 자(者)를 마땅히 옹호(擁護)하라.

내가 보내노라. 비루륵차왕(毘樓勒叉王)과 비루박차(毘樓博叉)와 비사문(毘沙門)은 항상(恒常) 신주(神呪)를 받아 지니는 자(者)를 마땅히 옹호(擁護)하라.

내가 보내노라. 금색공작왕(金色孔雀王)과 이십팔부(二十八部)와 대신선(大神仙)무리는 항상(恒常) 신주(神呪)를 받아 지니는 자(者)를 마땅히 옹호(擁護)하라.

내가 보내노라. 마니(摩尼)와 발타라(跋陀羅)와 산지대장(散支大將)과 불라바(弗羅婆)는 항상(恒常) 신주(神呪)를 받아 지니는 자(者)를 마땅히 옹호(擁護)하라.

내가 보내노라. 난타(難陀)와 발난타(跋難陀)와 바가라용(婆伽羅龍)과 이발라(伊鉢羅)는 항상(恒常) 신주(神呪)를 받아 지니는 자(者)를 마땅히 옹호(擁護)하라.

내가 보내노라. 아수라(阿脩羅)와 건달바(乾闥婆)와 가루라(迦樓羅)와 긴나라(緊那羅)와 마후라가(摩睺羅伽)는 항상(恒常) 신주(神呪)를 받아 지니는 자(者)를 마땅히 옹호(擁護)하라.

내가 보내노라. 수신(水神)과 화신(火神)과 우레신[雷神:뇌신]과 번개신[電神:전신]과 구반다왕(鳩槃茶王)과 비사사(毘舍闍)는 항상(恒常) 신주(神呪)를 받아 지니는 자(者)를 마땅히 옹호(擁護)하라.

原文)--

是諸善神及神龍王 神母女等 各有五百眷屬 大力夜
시제선신급신용왕 신모녀등 각유오백권속 대력야
叉 常隨擁護誦持大悲神呪者 其人若在空山曠野 獨
차 상수옹호송지대비신주자 기인약재공산광야 독
宿孤眠 是諸善神 番代宿衛 辟除災障 若在深山 迷
숙고면 시제선신 번대숙위 벽제재장 약재심산 미
失道路 誦此呪故 善神龍王 化作善人 示其正道 若
실도로 송차주고 선신용왕 화작선인 시기정도 약
在山林曠野 乏少水火 龍王護故 化出水火
재산림광야 핍소수화 용왕호고 화출수화

譯解) 이제 모든 선신(善神)과 신(神)과 용왕(龍王)과 신모녀(神母女)들에게는 각각 오백(五百)의 권속(眷屬)이 있으며, 대력야차(大力夜叉)가 항상(恒常) 대비신주(大悲神呪)를 지녀서 외우는 자(者)를 옹호(擁護)하고 따를 것 이니라. 그 사람이 만약 쓸쓸하게 산이나 넓은 들에서 홀로 외로이 쉬면서 잠들어 있을 때에도 이제 모든 선신(善神)이 차례로 교대(交代)하여 잠자는 사람을 호위(護衛)하여 재난(災難)과 장애(障碍)를 없애줄 것 이니라. 만약 깊은 산에 있어서 혼미(昏迷)하여 길을 잃었을 때 이 주(呪)를 외운 까닭에 선신(善神)과 용왕(龍王)이 선(善)한 사람으로 변화(變化)하여 그 사람을 바른길로 일러주게 될 것이니라. 만약 산과 숲속과 넓은 들에 있을 때 물과 불이 적어 부족(不足)하다면 용왕(龍王)이 보호(保護)하는 까닭에 물과 불이 나타나게 될 것 이니라.

原文)---------------------------------------

觀世音菩薩 復為誦持者 說消除災禍清涼之偈
관세음보살 부위송지자 설소제재화청량지게

若行曠野山澤中 逢值虎狼諸惡獸
약행광야산택중 봉치호랑제악수
蛇蚖精魅魍魎鬼 聞誦此呪莫能害
사원정매망량귀 문송차주막능해

若行江湖滄海間 毒龍蛟龍摩竭獸
약행강호창해간 독룡교룡마갈수
夜叉羅刹魚黿鱉 聞誦此呪自藏隱

야차나찰어원별 문송차주자장은

若逢軍陣賊圍繞 或被惡人奪財寶
약봉군진적위요 혹피악인탈재보
至誠稱誦大悲呪 彼起慈心復道歸
지성칭송대비주 피기자심부도귀

若為王官收錄身 囹圄禁閉杻枷鎖
약위왕관수록신 영어금폐추가쇄
至誠稱誦大悲呪 官自開恩釋放還
지성칭송대비주 관자개은석방환

若入野道蠱毒家 飲食有藥欲相害
약입야도고독가 음식유약욕상해
至誠稱誦大悲呪 毒藥變成甘露漿
지성칭송대비주 독약변성감로장

女人臨難生產時 邪魔遮障苦難忍
여인임난생산시 사마차장고난인
至誠稱誦大悲呪 鬼神退散安樂生
지성칭송대비주 귀신퇴산안락생

惡龍疫鬼行毒氣 熱病侵陵命欲終
악룡역귀행독기 열병침릉명욕종
至心稱誦大悲呪 疫病消除壽命長
지심칭송대비주 역병소제수명장

龍鬼流行諸毒腫 癰瘡膿血痛叵堪
용귀유행제독종 옹창농혈통파감
至心稱誦大悲呪 三唾毒腫隨口消
지심칭송대비주 삼타독종수구소

衆生濁惡起不善 厭魅呪詛結怨讐
중생탁악기불선 염매주저결원수
至心稱誦大悲呪 厭魅還著於本人
지심칭송대비주 염매환착어본인

惡生濁亂法滅時 婬欲火盛心迷倒
악생탁란법멸시 음욕화성심미도
棄背妻婿外貪染 晝夜邪思無暫停
기배처서외탐염 주야사사무잠정
若能稱誦大悲呪 婬欲火滅邪心除
약능칭송대비주 음욕화멸사심제

我若廣讚呪功力 一劫稱揚無盡期
아약광찬주공력 일겁칭양무진기

譯解) 관세음보살(觀世音菩薩)께서 거듭하여 신주(神呪)를 지녀 외우는 사람을 위해 재앙(災殃)과 재난(災難)을 없애서 청량(淸凉)하게 해주는 게송(偈頌)을 말씀하셨다.

만약 넓은 들과 산과 못을 지나갈 때 호랑이[虎:호]와 이리[狼:랑]등의 모든 악(惡)한 짐승을 만날 때나 독사(毒蛇)와 요괴(妖怪)와 도깨비[魑魅魍魎:이매망량]와 귀신(鬼神)을 만나더라도 이 주(呪) 외우는 것을 듣게되면 능(能)히 해칠 수 없으리라.

만약 강(江)과 호수(湖水)와 큰 바다 사이를 지나갈 때 독룡(毒龍)과 교룡(蛟龍)과 마갈수(摩竭獸)와 야차(夜叉)와 나찰(羅刹)과 물고기[魚:어]와 자라[黿鱉:원별]를 만나더라도 이 주(呪) 외우는 것을 듣게되면 스스로 감추고 숨으리라.

만약 전쟁(戰爭)터에서 적군(敵軍)을 만나 포위(包圍)되거나 혹(或)은 악한 사람에게 재물(財物)과 보화(寶貨)를 약탈(掠奪)당하더라도 지성(至誠)으로 대비주(大悲呪)를 부르고 외우면 그가 자비심(慈悲心)을 일으키고 다시 돌아가리라.

만약 왕(王)에게 벼슬[官:관]과 녹(祿)을 받는 몸이었으나 감옥(監獄)에 감금(監禁)되어 쇠고랑과 목형틀[枷鎖:가쇄]에 채워졌더라도 지성(至誠)으로 대비주(大悲呪)를 부르고 외우면 관아(官衙)의 문(門)이 스스로 열리는 은혜(恩惠)를 입고 석방(釋放)되어 돌아가리라.

만약 성(城)의 길밖에 독(毒)이있는 집에 들었을 때 음식(飮食)에 독약(毒藥)을 넣어 해치려 하더라도 지성(至誠)으로 대비주(大悲呪)를 부르고 외우면 독약(毒藥)이 감로즙(甘露汁)으로 변(變)하게 되리라.

여인(女人)이 어렵게 아기를 낳으려할 때 사마(邪魔)들이 막아서 참기 어려운 고통(苦痛)으로 장애(障碍)가 되더라도 지성(至誠)으로 대비주(大悲呪)를 부르고 외우면 귀신(鬼神)들은 물러나 흩어져서 편안(便安)하게 아이를 낳게 되리라.

악룡(惡龍)이 전염병(傳染病)을 일으키고 귀신(鬼神)이 독기(毒氣)를 유행(流行)시켜서 열병(熱病)이 침해(侵害)하여 목숨을 마치려 하더라도 지성(至誠)으로 대비주(大悲呪)를 부르고 외우면 전염병(傳染病)이 사라져 수명(壽命)이 길어지게 되리라.
용(龍)과 귀신(鬼神)등이 모든 독(毒)한 종기(腫氣)를 유행(流行)시켜서 종기(腫氣)가 나 피고름으로 견디기 어려운 고통(苦

痛)이 있더라도 지성(至誠)으로 대비주(大悲呪)를 부르고 외워서 독(毒)한 고름에 입안의 침을 세 번 뱉아 바르면 고통(苦痛)이 사라지게 되리라.

중생(衆生)들이 혼탁(混濁)하고 악(惡)해서 선(善)하지 아니하여 혐오(嫌惡)스런 요괴(妖怪)들의 주문(呪文)으로 저주(咀呪)하여 원수(怨讐)가 맺어질 때 지성(至誠)으로 대비주(大悲呪)를 부르고 외우면 혐오(嫌惡)스런 요괴(妖怪)들이 본인(本人)에게 돌아가 붙게 되리라.

악한 중생(衆生)들로 혼탁(混濁)하고 어지러워 정법(正法)이 사라질 때 음욕(淫慾)의 불길이 치성(熾盛)하여 마음이 전도(顚倒)되고 미혹(迷惑)해서 아내나 남편을 배반(背叛)하여 버리고, 밤낮으로 삿된 생각이 잠시도 멈추지 않게 될 때 만약 대비주(大悲呪)를 부르고 외우면 음욕(淫慾)의 불길이 사라져 삿된 마음이 제거(除去)되리라.

내가 만약 널리 주(呪)의 공력(功力)을 찬탄(贊嘆)한다면 일겁(一劫)을 칭양(稱揚)해도 다함이 없으리라.

(4) 다라니(陀羅尼)를 암송(暗誦)함에 따른 이익성취(利益成就)

原文)--

爾時 觀世音菩薩 告梵天言 誦此呪五遍 取五色線作
이시 관세음보살 고범천언 송차주오편 취오색선작
索 呪二十一遍 結作二十一結繫項
색 주이십일편 결작이십일결계항

譯解) 그때에 관세음보살(觀世音菩薩)께서 범천왕(梵天王)에게 말씀으로 고(告)하시었다. 이 신주(神呪)를 다섯번 외워서 오색(五色)실을 취해 꼬아놓고, 다시 신주(神呪)를 이십일(二十一)번 외우고 이십일(二十一)번 묶어 매듭을 지어서 목에 매도록하라.

原文)--

此陀羅尼 是過去九十九億恒河沙諸佛所說 彼等諸佛
차다라니 시과거구십구억항하사제불소설 피등제불
為諸行人 修行六度 未滿足者 速令滿足故 未發菩提
위제행인 수행육도 미만족자 속령만족고 미발보리
心者 速令發心故 若聲聞人 未證果者 速令證故 若
심자 속령발심고 약성문인 미증과자 속령증고 약
三千大千世界內 諸神仙人 未發無上菩提心者 速令

삼천대천세계내 제신선인 미발무상보리심자 속령

發心故 若諸衆生 未得大乘信根者 以此陀羅尼威神

발심고 약제중생 미득대승신근자 이차다라니위신

力故 令其大乘種子法芽增長 以我方便慈悲力故 令

력고 영기대승종자법아증장 이아방편자비력고 영

其所須皆得成辦

기소수개득성판

譯解) 이 다라니(陀羅尼)는 과거(過去) 99억 항하사(恒河沙) 모든 부처님께서 말씀하셨으니, 그 모든 부처님들은 모든 수행(修行)하는 사람을 위하여 육바라밀수행(六波羅密修行)이 만족치 못한 자(者)에게는 속(速)히 만족(滿足)하게 하는 까닭이며, 아직 깨닫고자 하는 마음을 일으키지 못한 자(者)에게는 속(速)히 발심(發心)하게끔 하는 까닭이며, 만약 성문(聲聞)의 사람으로 도과(道果)를 증득(證得)하지 못한 자(者)에게는 속(速)히 증득(證得)하게 하는 까닭이며, 만약 삼천대천세계(三千大天世界) 안에서 모든 신선(神仙)의 사람으로 아직 최상(最上)의 깨닫고자 하는 마음을 발심(發心)하지 못한 자(者)에게는 속(速)히 발심(發心)하게끔 하는 까닭이며, 만약 모든 중생(衆生)이 아직 대승(大乘)을 믿는 근기(根機)를 얻지 못한 자(者)에게는 이 다라니(陀羅尼)에 위신력(威神力)이 있는 까닭으로 그들로 하여금 대승(大乘) 종자법(種子法)의 싹을 증장(增長) 시키나니, 나의 방편(方便)인 자비(慈悲)한 힘이 있는 까닭에 그들로 하여금 반드시 모두 힘써서 이루어 얻게 하는 바이니라.

原文)--------------------------------------

若三千大千世界 幽隱闇處 三塗衆生 聞我此呪 皆得
약삼천대천세계 유은암처 삼도중생 문아차주 개득
離苦 有諸菩薩 未階初住者 速令得故 乃至令得十住
이고 유제보살 미개초주자 속령득고 내지령득십주
地故 又令得到佛地故 自然成就三十二相 八十隨形
지고 우령득도불지고 자연성취삼십이상 팔십수형
好
호

譯解) 만약 삼천대천세계(三千大千世界)에 깊이 숨어 어두운 곳의 삼악도(三惡道) 중생(衆生)이 나의 이 신주(神呪)를 듣게 되면 모든 고통(苦痛)에서 떠남을 얻게 되느니라. 혹(或) 모든 보살(菩薩)들이 아직 모두 초지(初地)에 머물러 있지 않는 자(者)라면 속(速)히 얻게하는 까닭이며, 더 나아가서는 보살십지(菩薩十地)를 얻게하는 까닭이며, 또한 불지(佛智)에 도달함을 얻게 하는 까닭으로 자연(自然)히 삼십이상(三十二相)이 성취(成就)되고, 팔십(八十)가지의 좋은 형상(形狀)이 따르게 되느니라.

原文)---

若聲聞人 聞此陀羅尼 一經耳者 修行書寫此陀羅尼

약성문인 문차다라니 일경이자 수행서사차다라니

者 以質直心 如法而住者 四沙門果 不求自得 若三

자 이질직심 여법이주자 사사문과 불구자득 약삼

千大千世界內 山河石壁 四大海水 能令湧沸 須彌山

천대천세계내 산하석벽 사대해수 능령용비 수미산

及鐵圍山 能令搖動 又令碎如微塵 其中衆生 悉令發

급철위산 능령요동 우령쇄여미진 기중중생 실령발

無上菩提心

무상보리심

譯解) 만약 성문(聲聞)의 사람으로 이 다라니(陀羅尼)를 들어서 한번 귀로 스쳐 지나간 자(者)와 수행(修行)하여 이 다라니(陀羅尼)를 글로서 쓰는 자(者)와 바른 마음 바탕으로 여법(如法)하게 머무르는 자(者)라면 사사문과(四沙門果)를 구(求)하지 않아도 저절로 얻게 되느니라. 만약 삼천대천세계(三千大千世界) 안의 산하(山河)와 석벽(石壁)과 사대해수(四大海水)를 능(能)히 끓게 하여 솟구치게 하며 수미산(須彌山)과 철위산(鐵圍山)을 능(能)히 요동(搖動)하게 하며 또한 작은 티

끌처럼 부숴버리니 그 속의 중생(衆生)들은 모두 위없는 깨달을 마음을 일으키게 되느니라.

原文)--------------------------------------

若諸衆生 現世求願者 於三七日 淨持齋戒 誦此
약제중생 현세구원자 어삼칠일 정지재계 송차
陀羅尼 必果所願 從生死際 至生死際 一切惡業
다라니 필과소원 종생사제 지생사제 일체악업
並皆滅盡 三千大千世界內 一切諸佛 菩薩 梵
병개멸진 삼천대천세계내 일체제불 보살 범
釋 四天王 神仙 龍王 悉皆證知
석 사천왕 신선 용왕 실개증지

譯解) 만약 모든 중생(衆生)들이 현세(現世)에 원(願)을 구(求)하는 자(者)는 이십일일(二十一日) 동안에 부정(不淨)한 일을 멀리하고 심신(心身)을 깨끗이 지녀 이 다라니(陀羅尼)를 외우면 반드시 원(願)하는 바를 이루게 되리니, 이번 생사(生死)를 좇아 다음 생사(生死)에 이를 즈음에 모든 악업(惡業)이 아울러 모두 소멸(消滅)하여서 삼천대천세계(三千大千世界) 안의 일체(一切) 모든 부처님과 보살(菩薩)과 범천왕(梵天王)과 제석천왕(帝釋天王)과 사천왕(四天王)과 신선(神仙)과 용왕(龍王)이 모두 다 증명(證明)하여 알게 될 것 이니라.

原文)--

若諸人天誦持此陀羅尼者 其人若在江河大海中沐浴
약제인천송지차다라니자 기인약재강하대해중목욕
其中衆生 得此人浴身之水 霑著其身 一切惡業重罪
기중중생 득차인욕신지수 점착기신 일체악업중죄
悉皆消滅 即得轉生他方淨土 蓮華化生 不受胎身濕
실개소멸 즉득전생타방정토 연화화생 불수태신습
卵之身 何況受持讀誦者
란지신 하황수지독송자

譯解) 만약 모든 사람과 천상(天上) 사람이 이 다라니(陀羅尼)를 지녀 외운 자(者)라면, 그 사람이 만약 강(江)이나 하천(河川)이나 큰 바다 속에서 목욕(沐浴)하고 있을 때에 그 안에 있는 중생(衆生)들은 이 사람이 몸을 씻은 물이 그들 몸에 닿게되면, 은혜(恩惠)를 입고 모든 악업중죄(惡業重罪)가 모두 다 소멸(消滅)되어 곧 선회(旋回)하여 타방정토(他方淨土)에 나서 연꽃위에 화생(化生)함을 얻으니, 태(胎)의 몸이나 습기(濕氣)와 알로 태어나는 몸을 받지 않을 것인데 하물며 받아 지녀서 읽고 외우는 자(者) 이겠느냐.

原文)--

若誦持者 行於道路 大風時來 吹此人身 毛髮 衣服

약송지자 행어도로 대풍시래 취차인신 모발 의복
餘風下過 諸類衆生 得其人飄身風吹著身者 一切重
여풍하과 제류중생 득기인표신풍취착신자 일체중
罪惡業 並皆滅盡 更不受三惡道報 常生佛前 當知受
죄악업 병개멸진 경불수삼악도보 상생불전 당지수
持者 福德果報不可思議
지자 복덕과보불가사의

譯解) 만약 지녀서 외우는 자(者)가 길을 가는데 큰 바람이 때마침 불어와서는 이 사람의 몸과 머리카락과 의복(衣服)에 불고 나머지 바람이 모든 종류(種類)의 중생(衆生)들을 아래로 스쳐 지나가면, 그 사람의 몸을 나부낀 바람이 도달(到達)한 것으로서 일체(一切) 중죄악업(重罪惡業)이 아울러 모두 소멸(消滅)되어, 다시는 삼악도(三惡道)의 과보(過報)를 받지 않아 항상(恒常) 부처님 앞에 태어나니, 받아 지니는 자(者)는 마땅히 알지니라! 복덕(福德)과 과보(果報)가 불가사의(不可思議)할 것 이니라.

原文)--
誦持此陀羅尼者 口中所出言音 若善若惡 一切天魔
송지차다라니자 구중소출언음 약선약악 일체천마
外道 天龍鬼神聞者 皆是清淨法音 皆於其人 起恭敬

외도 천룡귀신문자 개시청정법음 개어기인 기공경
心 尊重如佛 誦持此陀羅尼者
심 존중여불 송지차다라니자

譯解) 이 다라니(陀羅尼)를 지녀 외운 자(者)의 입속에서 말소리가 나오는바 만약에 좋거나 만약에 나쁘더라도 일체(一切) 하늘[天:천]의 마(魔)와 외도(外道)와 천신(天神)과 용(龍)과 귀신(鬼神)들이 듣게 되면, 모두 다 청정(淸淨)한 법음(法音)으로 들리게 되어 모두 그 사람에게 공경심(恭敬心)을 일으키면서 부처님과 같이 존중(尊重)할 것 이니라. 이 다라니(陀羅尼)를 외워 지닌 자(者)는,

原文)--------------------------------------
當知其人 即是佛身藏 九十九億恒河沙諸佛所愛惜故
당지기인 즉시불신장 구십구억항하사제불소애석고

當知其人 即是光明藏 一切如來光明照故
당지기인 즉시광명장 일체여래광명조고

當知其人 是慈悲藏 恒以陀羅尼救衆生故
당지기인 시자비장 항이다라니구중생고

當知其人 是妙法藏 普攝一切諸陀羅尼門故
당지기인 시묘법장 보섭일체제다라니문고

當知其人 是禪定藏 百千三昧常現前故
당지기인 시선정장 백천삼매상현전고

當知其人 是虛空藏 常以空慧觀衆生故
당지기인 시허공장 상이공혜관중생고

當知其人 是無畏藏 龍天善神常護持故
당지기인 시무외장 용천선신상호지고

當知其人 是妙語藏 口中陀羅尼音無斷絶故
당지기인 시묘어장 구중다라니음무단절고

當知其人 是常住藏 三災惡劫不能壞故
당지기인 시상주장 삼재악겁불능괴고

當知其人 是解脫藏 天魔外道不能稽留故
당지기인 시해탈장 천마외도불능계류고

當知其人 是藥王藏 常以陀羅尼療衆生病故
당지기인 시약왕장 상이다라니료중생병고

當知其人 是神通藏 遊諸佛國得自在故
당지기인 시신통장 유제불국득자재고

其人功德 讚不可盡
기인공덕 찬불가진

譯解) 마땅히 알라! 그 사람은 곧 부처의 몸을 감춘 사람이니, 99억 항하사(恒河沙) 모든 부처님이 사랑하고 아껴주시는 까닭이 있느니라.

마땅히 알라! 그 사람은 곧 광명(光明)을 감춘 사람이니, 일체(一切) 부처님께서 광명(光明)으로 비춰주시는 까닭이 있느니라.

마땅히 알라! 그 사람은 자비(慈悲)를 감춘 것이니, 항상(恒常) 다라니(陀羅尼)로서 중생(衆生)을 구(求)하는 까닭이 있느니라.

마땅히 알라! 그 사람은 묘(妙)한 법(法)을 감춘 것이니, 널리 일체(一切) 모든 다라니문(陀羅尼門)을 섭수(攝受)하는 까닭이 있느니라.

마땅히 알라! 그 사람은 선정(禪定)을 감춘 것이니, 백천삼매(百千三昧)를 항상(恒常) 앞에 나타내는 까닭이 있느니라.

마땅히 알라! 그 사람은 허공(虛空)을 감춘 것이니, 항상(恒常) 비움의 지혜(智慧)로서 중생(衆生)들을 관(觀)하는 까닭이 있느니라.

마땅히 알라! 그 사람은 두려움 없슴을 감춘 것이니, 용(龍)과 천상(天上)과 선신(善神)이 항상(恒常) 보호(保護)하고 지키는 까닭이 있느니라.

마땅히 알라! 그 사람은 미묘(微妙)한 말을 감춘 것이니, 입안에서 다라니(陀羅尼) 소리가 절대로 끊어짐이 없는 까닭이 있느니라.

마땅히 알라! 그 사람은 항상(恒常) 머무름을 감춘 것이니, 삼재(三災)와 악(惡)한 겁박(劫迫)으로도 무너뜨릴 수 없는 까닭이 있느니라.

마땅히 알라! 그 사람은 해탈(解脫)을 감춘 것이니, 천마(天魔)

와 외도(外道)가 머무를 수 없도록 하는 까닭이 있느니라.

마땅히 알라! 그 사람은 약왕(藥王)을 감춘 것이니, 항상(恒常) 다라니(陀羅尼)로서 중생(衆生)들의 병(病)을 치료(治療)해주는 까닭이 있느니라.

마땅히 알라! 그 사람은 신통(神通)을 감춘 것이니, 모든 불국토(佛國土)를 다니면서 자재(自在)함이 있는 까닭이 있느니라.

그 사람의 공덕(功德)은 가(可)히 찬탄(贊嘆)으로도 다 할 수 없는 것 이니라.

原文)--

善男子 若復有人 厭世間苦 求長生樂者 在閑淨處
선남자 약부유인 염세간고 구장생락자 재한정처
清淨結界 呪衣著 若水 若食 若香 若藥 皆呪一百八
청정결계 주의착 약수 약식 약향 약약 개주일백팔
遍服 必得長命
편복 필득장명

譯解) 훌륭한 남자여! 만약 다시 어떤 사람이 세간(世間)의 고통(苦痛)을 싫어하여 오래 사는 것과 낙(樂)을 구(求)하는 자(者)는 한가로이 청정(淸淨)한 곳에 있으면서 청정(淸淨)하게 결계(結界)해서는 신주(神呪)를 외울 때의 옷을 입고, 만약 물이나, 만약 음식(飮食)이나, 만약 향(香)이나, 만약 약(藥)등의 모든 것에 주(呪) 일백팔(一百八)번을 외우고 취(取)하면 반드시 오랜 수명(壽命)을 얻게 될 것 이니라.

原文)---

若能如法結界 依法受持 一切成就 其結界法者 取刀
약능여법결계 의법수지 일체성취 기결계법자 취도
呪二十一遍 劃地為界 或取淨水 呪二十一遍 散著四
주이십일편 획지위계 혹취정수 주이십일편 산착사
方為界 或取白芥子 呪二十一遍 擲著四方為界 或以
방위계 혹취백개자 주이십일편 척착사방위계 혹이
想到處為界 或取淨灰 呪二十一遍為界 或呪五色線
상도처위계 혹취정회 주이십일편위계 혹주오색선
二十一遍 圍繞四邊為界 皆得 若能如法受持 自然剋
이십일편 위요사변위계 개득 약능여법수지 자연극
果
과

譯解) 만약 법(法)답게 결계(結界)하여 법(法)에 의지(依支)해 받아 지닐 수 있다면, 모든 것을 성취(成就)하게 될 것 이니

라. 그 결계법(結界法)은 칼을 취(取)해 신주(神呪) 이십일(二十一)번을 외워서 땅에 경계(境界)를 긋거나, 혹(或)은 깨끗한 물을 취(取)해 신주(神呪) 이십일(二十一)번을 외워서 사방(四方)에 뿌려 경계(境界)를 정(定)하거나, 혹(或)은 백개자(白芥子)를 취(取)해 신주(神呪) 이십일(二十一)번을 외워서 사방(四方)에 던져 경계(境界)를 정하거나, 혹(或)은 생각으로서 이르는 곳에 경계(境界)를 삼거나, 혹(或)은 깨끗한 재[灰]를 취(取)해 신주(神呪) 이십일(二十一)번을 외워서 경계(境界)를 삼거나, 혹(或)은 오색(五色)실을 취(取)해 신주(神呪) 이십일(二十一)번을 외워서 네 곳의 가장자리를 에워싸두르고 경계(境界)를 삼게되면 모두 얻게 될 것이니, 만약 법(法)답게 받아 지닐 수 있다면 자연(自然)스럽게 결과(結果)로서 이루어 내게 될 것 이니라.

原文)--

若聞此陀羅尼名字者 尙滅無量劫生死重罪 何況誦持
약문차다라니명자자 상멸무량겁생사중죄 하황송지
者 若得此神呪誦者 當知其人 已曾供養無量諸佛廣
자 약득차신주송자 당지기인 이증공양무량제불광
種善根 若能為諸衆生拔其苦難 如法誦持者 當知其
종선근 약능위제중생발기고난 여법송지자 당지기
人 即是具大悲者 成佛不久 所見衆生 皆悉為誦令

인 즉시구대비자 성불불구 소견중생 개실위송영
彼耳聞 與作菩提因 是人功德無量無邊 讚不可盡
피이문 여작보리인 시인공덕무량무변 찬불가진

譯解) 만약 이 다라니(陀羅尼)의 이름글자를 듣는 자(者)라면 더욱이 헤아릴 수 없는 겁(劫)의 생사중죄(生死重罪)가 소멸(消滅)될 것인데 하물며 지녀서 외우는 자(者) 이겠느냐. 만약 이 신주(神呪)를 얻어 외우는 자(者)는 마땅히 알라! 그 사람은 이미 일찍이 셀 수 없는 모든 부처님께 공양(供養)을 올렸으며 널리 선근종자(善根種子)를 심었느니라. 만약 능(能)히 모든 중생(衆生)들의 그 고난(苦難)을 뽑아내기 위해 법(法)답게 외우고 지닌 자(者)는 마땅히 알라! 그 사람은 곧 대비심(大悲心)을 갖춘 자(者)라서 오래지 않아 성불(成佛)하게 될 것 이니라. 만일 중생(衆生)들이 이 사람을 보았다면 신주(神呪)를 모두 다 외우게하고, 그들의 귀로 듣게끔 하여, 더불어 깨달음 인자(因子)를 만들게 될 것이니, 이 사람의 공덕(功德)은 가(可)히 헤아릴 수 없고 끝이 없어서 찬탄(贊嘆)으로도 다 할 수 없는 것 이니라.

原文)--
若能精誠用心 身持齋戒 為一切衆生 懺悔先業之罪
약능정성용심 신지재계 위일체중생 참회선업지죄

亦自懺謝無量劫來種種惡業 口中駇駇誦此陀羅尼 聲
역자참사무량겁래종종악업 구중삽삽송차다라니 성
聲不絕者 四沙門果 此生即證 其利根有 慧觀方便者
성부절자 사사문과 차생즉증 기리근유 혜관방편자
十地果位 剋獲不難 何況世間 小小福報 所有求願
십지과위 극획불난 하황세간 소소복보 소유구원
無不果遂者也
무불과수자야

譯解) 만약 능(能)히 정성(精誠)스런 마음을 쓰고 몸으로는 재계(齋戒)를 지녀서 일체중생(一切衆生)들을 위해 먼저 지은 업(業)의 죄(罪)를 참회(懺悔)하고, 또한 스스로는 헤아릴 수 없는 세월(歲月)동안 지어온 가지가지 악업(惡業)을 참회(懺悔)로서 갚으며, 입속에서는 이 다라니(陀羅尼) 외우는 것을 쉴 사이 없게 하여 소리소리가 끊기지 않게 한다면, 네 가지 성인(聖人)의 경지(境地)를 이 생(生)에서 증득(證得)하게 될 것 이니라. 그가 예리(銳利)한 근기(根機)가 있어서 지혜(智慧)로 살펴보는 방편(方便)을 쓰는 자(者)라면, 십지과위(十地果位)도 능(能)히 어렵지 않게 얻게 될 것인데, 하물며 세상(世上)의 소소(小小)한 복(福)을 받는 것 이겠느냐. 만일 구(求)하고 원(願)함이 있으면 이루지 못할 과위(果位)가 없는 자(者) 이니라.

原文)------------------------------------

若欲使鬼者 取野髑髏淨洗 於千眼像前設壇場 以種
약욕사귀자 취야촉루정세 어천안상전설단장 이종
種香華飮食祭之 日日如是 七日必來現身 隨人使令
종향화음식제지 일일여시 칠일필래현신 수인사령
若欲使四天王者 呪檀香燒之 由此菩薩大悲願力深重
약욕사사천왕자 주단향소지 유차보살대비원력심중
故 亦為此陀羅尼威神廣大故
고 역위차다라니위신광대고

譯解) 만약 귀신(鬼神)을 부리려 하는 자(者)라면, 들에 있는 해골(骸骨)을 취(取)해서 깨끗이 씻고 천수천안관세음보살상(千手千眼觀世音菩薩像) 앞에 재단(齋壇)을 설치(設置)하여 가지가지의 향(香)과 꽃과 음식(飮食)으로 제(祭) 지내기를 날마다 이와같이 칠일(七日)동안 한다면, 반드시 해골(骸骨)의 귀신(鬼神)이 현신(現身)하여 부리는 사람으로 하여금 따르게 될 것 이니라. 만약 사천왕(四天王)을 부리고자 하는 자(者)라면, 재단(齋壇)에 향(香)을 사루고 신주(神呪)를 외우면 이에 연유(緣由)하여 관세음보살(觀世音菩薩)의 대비원력(大悲願力)이 깊고 엄중(嚴重)한 까닭에 사천왕(四天王)을 부릴 수 있으니, 또한 이 다라니(陀羅尼)의 위신력(威神力)이 넓고 큰 까닭 때문인 것 이니라.

原文)--

佛告阿難 若有國土 災難起時 是土國王 若以正法
불고아난 약유국토 재난기시 시토국왕 약이정법
治國 寬縱人物 不枉衆生 赦諸有過 七日七夜 身
치국 관종인물 불왕중생 사제유과 칠일칠야 신
心精進 誦持如是大悲心陀羅尼神呪 令彼國土 一切
심정진 송지여시대비심다라니신주 영피국토 일체
災難悉皆除滅 五穀豐登 萬姓安樂
재난실개제멸 오곡풍등 만성안락

譯解) 부처님께서 아난(阿難)에게 이르시기를, 만약 어떠한 국토(國土)에 재난(災難)이 일어났을 때 이 땅의 국왕(國王)이 만약 바른 법(法)으로서 나라를 다스리려고 관대(寬大)하게 사람과 물건(物件)을 자유(自由)롭게 해주고, 중생(衆生)들을 억울(抑鬱)하지 않게 해주며, 모든 과오(過誤) 있음을 용서(容恕)해서, 칠일(七日)낮과 칠일(七日)밤을 몸과 마음을 다하여 정진(精進)하면서 이와같이 대비심다라니신주(大悲心陀羅尼神呪)를 외워 지닌다면, 그 국토(國土)로 하여금 일체(一切) 재난(災難)이 모두 다 소멸(消滅)되어 제거(除去)될 것이니, 오곡(五穀)은 풍성(豊盛)하게 익어서 만백성(萬百姓)이 안락(安樂)하게 될 것 이니라.

原文)--

又若為於他國怨敵 數來侵擾 百姓不安 大臣謀叛
우약위어타국원적 수래침우 백성블안 대신모반
疫氣流行 水旱不調 日月失度 如是種種災難起時
역기유행 수한부조 일월실도 여시종종재난기시
當造千眼大悲心像 面向西方 以種種 香華 幢旛
당조천안대비심상 면향서방 이종종 향화 당번
寶蓋 或百味飮食 至心供養 其王又能七日七夜身
보개 혹백미음식 지심공양 기왕우능칠일칠야신
心精進 誦持如是陀羅尼神妙章句 外國怨敵 即自
심정진 송지여시다라니신묘장구 외국원적 즉자
降伏 各還政治 不相擾惱 國土通同 慈心相向
항복 각환정치 불상요뇌 국토통동 자심상향
王子百官 皆行忠赤 妃后婇女 孝敬向王 諸龍鬼神
왕자백관 개행충적 비후채녀 효경향왕 제룡귀신
擁護其國 雨澤順時 果實豊饒 人民歡樂
옹호기국 우택순시 과실풍요 인민환락

譯解) 또 만약 다른 나라의 원수(怨讐)와 적(敵)이 수시(隨時)로 침략(侵略)하여 어지럽게 하니, 백성(百姓)이 불안(不安)해하고, 큰 신하(臣下)가 나라를 배반(背叛)하며, 전염병(傳染病)

기운(氣運)이 유행(流行)하고, 물은 가물어 조화(造化)롭지 않아서, 해와 달은 법도(法道)를 잃게 되는 이와같은 가지가지 재난(災難)이 일어났을 때 마땅히 천수천안관음대비심상(千手千眼觀音大悲心狀)을 조성(造成)하여, 얼굴은 서방(西方)을 향(向)하게 하고, 가지가지의 향(香), 꽃, 깃발, 보개(寶蓋), 혹(或)은 백가지 맛있는 음식(飮食)으로 마음을 다해 공양(供養)하면서, 그 왕(王)이 또 칠일(七日)낮 칠일(七日)밤 동안 몸과 마음을 다해 정진(精進)하여 이와같이 다라니신묘장구(陀羅尼神妙章句)를 외워 지닌다면, 나라밖의 원수(怨讐)와 적(敵)이 곧 스스로 항복(降伏)하고 각 나라로 돌아가 정계(政界)를 다스리게 되어서, 서로 시끄럽거나 괴로워함이 없게 되어 국토(國土)가 하나로 통(通)하고, 자비심(慈悲心)이 서로에게 향(向)하게 되느니라. 왕자(王子)와 모든 관리(官吏)들은 모두 충성(忠誠)스럽게 행동(行動)하고, 왕비(王妃)나 왕후(王后)나 시녀(侍女)들이 왕(王)을 향해 공경(恭敬)하여 섬기게 되며, 모든 용(龍)과 귀신(鬼神)들이 그 나라를 옹호(擁護)하므로 비는 윤택(潤澤)하게 때를 맞춰 순응(順應)할 것이니, 과실(果實)은 풍성(豊盛)하고 넉넉해서 백성(百姓)들이 기뻐하며 좋아하게 될 것 이니라.

原文)---

又若家內 遇大惡病 百怪競起 鬼神邪魔 耗亂其家
우약가내 우대악병 백괴경기 귀신사마 모란기가
惡人橫造口舌 以相謀害 室家大小內外不和者 當向
악인횡조구설 이상모해 실가대소내외불화자 당향
千眼大悲像前 設其壇場 至心念觀世音菩薩 誦此陀
천안대비상전 설기단장 지심념관세음보살 송차다
羅尼 滿其千遍 如上惡事 悉皆消滅 永得安隱
라니 만기천편 여상악사 실개소멸 영득안온

譯解) 또 만약 한 집안이 크고 악(惡)한 질병(疾病)을 만나 백(百)가지 괴상(怪狀)한 일이 서로 다투어 일어나고, 귀신(鬼神)과 삿된 마(魔)가 그 집을 어지럽게 해치며, 악(惡)한 사람들이 갑작스럽게 구설(口舌)을 만들어 내어 서로 모함(謀陷)하여 해침으로서 집에 크고 작은 안팎의 불화(不和)가 일어난다면, 항상(恒常) 천수천안관음대비상(千手千眼觀音大悲狀) 앞에 재단(齋壇)을 설치(設置) 해두고, 지극(至極)한 마음으로 관세음보살(觀世音菩薩)을 생각하여 이 다라니(陀羅尼)를 외워 일천(一千)번을 채우게 되면, 마땅히 위의 악(惡)한 일들이 모두 다 소멸(消滅)되어 영원(永遠)히 안온(安穩)함을 얻게 될 것 이니라.

原文)---

阿難白佛言 世尊 此呪名何 云何受持 佛告阿難
아난백불언 세존 차주명하 운하수지 불고아난
如是神呪 有種種名 一名廣大圓滿 一名無礙大悲
여시신주 유종종명 일명광대원만 일명무애대비
一名救苦陀羅尼 一名延壽陀羅尼 一名滅惡趣陀
일명구고다라니 일명연수다라니 일명멸악취다
羅尼 一名破惡業障陀羅尼 一名滿願陀羅尼 一名
라니 일명파악업장다라니 일명만원다라니 일명
隨心自在陀羅尼 一名速超上地陀羅尼 如是受持
수심자재다라니 일명속초상지다라니 여시수지

譯解) 아난(阿難)이 부처님께 여쭈었다. 세존(世尊)이시여! 이 신주(神呪)의 이름은 무엇이며 어떻게 받아 지녀야 하옵니까. 부처님께서 아난(阿難)에게 이르시기를, 이와같은 신주(神呪)는 가지가지의 이름이 있으니, 한 이름은 넓고 커서 두루 충만(充滿)하니 광대원만(廣大圓滿)이며, 한 이름은 꺼리낌이 없는 큰 자비(慈悲)이니 무애대비(無礙大悲)이며, 한 이름은 고통(苦痛)에서 구제(救濟)하니 구고다라니(救苦陀羅尼)이며, 한 이름은 수명(壽命)을 늘리게하니 연수다라니(延壽陀羅尼)이며, 한 이름은 악(惡)을 소멸(消滅)시키니 멸악취다라니(滅惡趣陀羅尼)이며, 한 이름은 악(惡)한 업(業)을 깨뜨리니 파악업장다라니(破惡業障陀羅尼)이며, 한 이름은 소원(所願)을 만족(滿足)하게하니 만원다라니(滿願陀羅尼)이며, 한 이름은 마음이 자재(自在)함을 따르게하니 수심자재다라니(隨心自在陀羅尼)이며, 한 이름은 속(速)히 높은 지위(地位)에 뛰어 오르게하니 속초상지다라니(速超上地陀羅尼)이니라. 이와같이 받들어 지닐 것 이니라.

原文)-----------------------------------

阿難白佛言 世尊 此菩薩摩訶薩 名字何等 善能宣
아난백불언 세존 차보살마하살 명자하등 선능선
說如是陀羅尼 佛言 此菩薩名觀世音自在 亦名撚索
설여시다라니 불언 차보살명관세음자재 역명연색
亦名千光眼 善男子 此觀世音菩薩 不可思議威神之
역명천광안 선남자 차관세음보살 불가사의위신지
力 已於過去無量劫中 已作佛竟 號正法明如來 大
력 이어과거무량겁중 이작불경 호정법명여래 대
悲願力 為欲發起一切菩薩 安樂成熟諸衆生故 現作
비원력 위욕발기일체보살 안락성숙제중생고 현작
菩薩 汝等大衆 諸菩薩摩訶薩 梵釋龍神 皆應恭敬
보살 여등대중 제보살마하살 범석용신 개응공경
莫生輕慢 一切人天 常須供養 專稱名號 得無量福

막생경만 일체인천 상수공양 전칭명호 득무량복
滅無量罪 命終往生阿彌陀佛國
멸무량죄 명종왕생아미타불국

譯解) 아난이 부처님께 여쭈었다. 세존(世尊)이시여! 이 보살마하살(菩薩摩訶薩)의 이름글자가 무엇이기에 훌륭히 이와같은 다라니(陀羅尼)를 말씀하여 능(能)히 베풀 수 있는 것 이옵니까. 부처님께서 말씀하셨다. 이 보살(菩薩)의 이름은 세상(世上)소리를 살펴보아 앎이 자재(自在)해서 관세음자재(觀世音自在)라하며, 또한 이름이 구원(救援)하기위해 꼬아놓은 동아줄을 잡고 있다 해서 연색(撚索)이라하며, 또한 이름이 천개(千個)의 밝은 빛의 눈을 지녔다 해서 천광안(天光眼)이라 하느니라. 훌륭한 남자여! 이 관세음보살(觀世音菩薩)의 위신(威神)에 의한 힘은 불가사의(不可思議)하여 이미 과거(過去) 헤아릴 수 없는 오랜 세월(歲月)중에 이미 부처의 경지(境地)를 이루었으니 정법명여래(正法明如來)라 부르느니라. 대비원력(大悲願力)으로서 일체(一切)의 보살행(菩薩行)을 일으키고자 함이 있어 모든 중생(衆生)들을 안락(安樂)함으로 성숙(成熟)시키고자 하는 까닭에 보살(菩薩)의 모습을 지어 나타낸 것이니, 너희 대중(大衆)들과 모든 보살마하살(菩薩摩訶薩)과 범천왕(梵天王)과 제석천왕(帝釋天王)과 용(龍)과 신(神)들은 모두 응당(應當)히 공경(恭敬)할 것이며, 교만(驕慢)하여 업신 여기는 마음을 내지 말지니라. 일체(一切)의 사람[人:인]과 천상(天上)들도 항상(恒常) 마땅히 공양(供養)하고 오로지 이름을 불러 칭탄(稱歎)해야 할 것 이니라. 그리하면 헤아릴 수 없는 복(福)을 얻고 헤아릴 수 없는 죄(罪)가 소멸(消滅)되어 목숨을 마치려 할 때에 아미타(阿彌陀) 불국토(佛國土)에 왕생(往生)하게 될 것 이니라.

(5) 다라니(陀羅尼)로 병(病)을 다스림

原文)---------------------------------------

佛告阿難 此觀世音菩薩所說神呪 眞實不虛 若欲請

불고아난 차관세음보살소설신주 진실불허 약욕청

此菩薩來 呪拙具羅香三七遍燒 菩薩即來

차보살래 주졸구라향삼칠편소 보살즉래

(註 : 拙具羅香 安息香也)

(주 : 졸구라향 안식향야)

譯解) 부처님께서 아난(阿難)에게 이르시기를 이 관세음보살(觀世音菩薩)께서 설(說)하신 신주(神呪)는 진실(眞實)하여 헛되지 않으니 만약 보살(菩薩)이 오기를 청(請)한다면, 졸구라향

(拙具羅香)을 사루고 신주(神呪)를 이십일(二十一)번 외우면 보살(菩薩)이 곧 오실 것 이니라. (주: 졸구라향은 안식향이다.)

原文)---

若有猫兒所著者 取弭哩吒那 燒作灰 和淨土泥 捻
약유묘아소착자 취미리타나 소작회 화정토니 념
作猫兒形 於千眼像前 呪鑌鐵刀子一百八遍 段段割
작묘아형 어천안상전 주빈철도자일백팔편 단단할
之 亦一百八段 遍遍一呪 一稱彼名 即永差不著
지 역일백팔단 편편일주 일칭피명 즉영차불착
(註 : 弭哩吒那 死猫兒頭骨也)
(주 : 미리타나 사묘아두골야)

譯解) 만약 어떤 새끼고양이 혼(魂)이 붙은 자(者)라면, 미리타나(弭哩吒那)를 취(取)해 불에 태워 재를 만들고 깨끗한 진흙과 섞어서 새끼고양이 형상(形狀)을 빚어 만들고는 천수천안형상(千手千眼形狀) 앞에 놓고 강철(鋼鐵)로된 작은 칼로 신주(神呪)를 일백팔(一百八)번 외워서 빚어놓은 고양이 형상(形狀)을 조각 조각 자르기를 일백팔(一百八)조각으로 자를 것 이니라. 한번씩 한번씩 신주(神呪)를 외울 때 마다 그 사람 이름을 불러주게 되면, 곧 차도(差度)가 있어 새끼고양이 혼이 영원(永遠)히 붙지 않게 될 것 이니라. (주 : 미리타나는 죽은 새끼 고양이의 머리뼈이다.)

原文)--

若為蠱毒所害者 取藥劫布羅 和拙具羅香 各等分
약위고독소해자 취약겁포라 화졸구라향 각등분
以井華水一升和煎 取一升 於千眼像前 呪一百八
이정화수일승 화전 취일승 어천안상전 주일백팔
遍服 即差 (註 : 藥劫布羅 龍腦香也)
편 복 즉차 (주 : 약겁포라 용뇌향야)

譯解) 만약 벌레의 독(毒)으로 해(害)를 입은 자(者)는 약겁포라(藥劫布羅)를 취(取)해 졸구라향(拙具羅香)과 섞어서 각각 똑같이 나누고 정화수(井華水) 한 되를 섞어 다려서 그 한 되를 취(取)해 천수천안형상(千手千眼形狀) 앞에 놓고 신주(神呪)를 일백팔(一百八)번을 외우고서 복용(服用)하면, 곧 차도(差度)가 있게 되느니라. (주 : 약겁포라는 용뇌수향 이다)

原文)--

若為惡蛇蠍所螫者 取乾薑末 呪一七遍 著瘡中 立即除差
약위악사갈소석자 취건강말 주일칠편 착창중 입즉제차

譯解) 만약 독뱀[惡蛇;악사]과 전갈[蠍:갈]에게 물린 자(者)

라면, 말린생강분말[乾薑末:건강말]을 취(取)해 신주(神呪)를 일곱번 외우고 상처난 곳에 붙이게 되면, 곧 독(毒)을 제거(除去)해 차도(差度)가 있게 되느니라.

原文)---

若為惡怨橫相謀害者 取淨土 或麵 或蠟 捻作本形
약위악원횡상모해자 취정토 혹면 혹납 념작본형
於千眼像前 呪鑌鐵刀一百八遍 一呪一截 一稱彼名
어천안상전 주빈철도일백팔편 일주일절 일칭피명
燒盡一百八段 彼即歡喜 終身厚重相愛敬
소진일백팔단 피즉환희 종신후중상애경

譯解) 만약 악(惡)한 원수(怨讐)들이 서로 도모(圖謀)하여 갑자기 피해(被害)를 입게된 자(者)라면, 깨끗한 흙을 취(取)해서 혹은 밀가루나 혹은 밀납(蜜蠟)을 섞어 그들의 형상(形狀)을 빚어 만들어 놓고, 천수천안형상(千手千眼形狀) 앞에서 강철(鋼鐵)칼을 취(取)해 신주(神呪)를 일백팔(一百八)번 외우는데, 신주(神呪)를 한번씩 외울때마다 그 빚은 형상(形狀)을 한번씩 토막내면서 그들의 이름을 한번씩 불러 일백팔(一百八)토막을 낸 후에 다 불사르면, 그들은 곧 환희(歡喜)하여 죽을 때 까지 소중(所重)히 여겨 서로 사랑하면서 공경(恭敬)하게 되느니라.

原文)--

若有患眼睛壞者 若青盲眼暗者 若白暈赤膜無光明者
약유환안정괴자 약청맹안암자 약백훈적막무광명자
取訶梨勒果 菴摩勒果 鞞醯勒果 三種各一顆 擣破細研
취가리륵과 암마륵과 비혜륵과 삼종각일과 도파세연
當研時 唯須護淨 莫使新產婦人及猪狗見 口中念佛
당연시 유수호정 막사신산부인급저구견 구중염불
以白蜜若人乳汁和封眼中 著其人乳 要須男孩子母乳
이백밀약인유즙화봉안중 착기인유 요수남해자모유
女母乳不成 其藥和竟 還須千眼像前 呪一千八遍 著眼
여모유불성 기약화경 환수천안상전 주일천팔편 착안
中滿七日在深室愼風 眼睛還生 青盲白暈者 光奇盛也
중만칠일재심실신풍 안정환생 청맹백훈자 광기성야

譯解) 만약 혹시(或是) 눈에 병(病)이 생겨 안구(眼球)가 나빠진 자(者)나, 만약 녹내장(綠內障)으로 눈앞이 어두워진 자(者)나, 만약 백내장(白內障)이나 붉은 막(幕)으로 밝은 빛을 보지 못하는 자(者)라면, 가리륵과(訶梨勒果)나 암마륵과(菴摩勒果)나 비혜륵과(鞞醯勒果)등의 세 종류(種類)의 과일에서 각각 하나씩의 과일을 취(取)해 찧고 빻으면서 미세(微細)하게 갈 것인데, 마땅히 갈 때에는 오직 깨끗하게 보호(保護)하여 신생아(新生兒)를 낳을 부인(婦人)과 돼지나 개가 보지 못하게 할 것이며, 입으로는 염불(念佛)을 하면서 백밀(白蜜) 및 사람의 젖을 섞어서 눈 안에 붙이는데, 분명(分明)한 것은 그 사람의 젖이 모름지기 남자(男子) 어린아이를 낳은 어미의 젖이 필요(必要)하나 여자(女子) 어린아이를 낳은 어미의 젖은 되지 않느니라. 그 약(藥)을 섞어 마침내 눈에 붙여 넣었다면 마땅히 천수천안형상(千手千眼形狀) 앞으로 돌아와 신주(神呪) 일천팔(一千八)번을 외울 것인데, 눈 속에 붙인 약(藥)은 바람이 없는 한적(閑寂)한 방안에서 칠일(七日)을 채우게 되면 눈동자가 되살아나니, 녹내장(綠內障)이나 백내장(白內障)에 걸린 자(者)들은 광명(光明)이 치성(熾盛)해 지느니라.

原文)--

若 患 瘧 病 著 者　取 虎 豹 豺 狼 皮　呪 三 七 遍　披 著 身 上

약 환 학 병 착 자　취 호 표 시 랑 피　주 삼 칠 편　피 착 신 상

即 差　獅 子 皮 最 上

즉 차　사 자 피 최 상

譯解) 만약 학질병(瘧疾病)이 붙어서 근심하는 자(者)는 호랑이[虎:호]나 표범[豹:표]이나 승냥이[豺:시]나 이리[狼:랑]등의 가죽을 취(取)해서 신주(神呪) 스물한번을 외우고 몸위에 가죽을 걸치게 되면, 곧 차도(差度)가 있게 되는데 사자(獅子)의 가죽이 최상(最上)이 되느니라.

原文)--------------------------------------

若被蛇螫 取被螫人結聹 呪三七遍 著瘡中 即差

약피사석 취피석인결녕 주삼칠편 착창중 즉차

(註 : 聹 耳中垢也)

(주 : 녕 이중구야)

譯解) 만약 뱀에게 물렸다면, 물린 사람의 귀지를 취(取)해서 신주(神呪) 이십일(二十一)번을 외우고 상처 난 곳에 붙이면, 곧 차도(差度)가 있느니라.

(주 : 녕은 귀속의 때이다)

原文)--------------------------------------

若患惡瘧入心 悶絕欲死者 取桃膠一顆 大小亦如桃顆

약환악학입심 민절욕사자 취도교일과 대소역여도과

清水一升和 煎取半升 呪七遍 頓服盡 即差 其藥莫

청수일승화 전취반승 주칠편 돈복진 즉차 기약막

使婦人煎

사부인전

譯解) 만약 악(惡)한 학질(瘧疾)이 걸려 마음에 근심이 생겨서 죽고자 하는 생각을 없애지 못해 답답해하는 자(者)는 진액(津液)이 나오는 복숭아 한 개를 취(取)할 것인데, 이 또한 크고 작은 복숭아에 상관없이 맑은 물 한 되와 섞어 달여서 반 되가 되었을 때 취(取)해서는 신주(神呪) 일곱번을 외우고 모두 마시게 되면, 곧 차도(差度)가 있게 될 것이나 그 약(藥)은 임산부(姙産婦)가 다려서는 되지 않느니라.

原文)---------------------------------------

若患傳屍鬼氣伏屍連病者 取拙具羅香 呪三七遍
약환전시귀기복시연병자 취졸구라향 주삼칠편
燒薰鼻孔中 又取七丸如兎糞 呪三七遍 呑 即差
소훈비공중 우취칠환여토분 주삼칠편 탄 즉차
愼酒肉五辛及惡罵 若取摩那屎羅和白芥子印成鹽
신주육오신급악매 약취마나시라화백개자인성염
呪三七遍 於病兒床下燒 其作病兒 即魔掣迸走
주삼칠편 어병아상하소 기작병아 즉마체병주
不敢住也 (註 : 摩那屎羅 雄黃也)
불감주야 (주 : 마나시라 웅황야)

譯解) 만약 죽은 시체(屍體)의 귀신(鬼神) 기운(氣運)이 전달(傳達)되거나 시체에 잠복(潛伏)되어있는 병(病)으로 연(連)하여 근심이 있는 자(者)는 졸구라향(拙具羅香)을 취(取)해서 신주(神呪) 이십일(二十一)번을 외우고 불사른 향(香)의 연기(煙氣)를 코속으로 들이키거나 또는 토끼똥 일곱환(丸)을 취

(取)해서 신주(神呪)를 이십일(二十一)번을 외우고 삼키게 되면, 곧 차도(差度)가 있게 될 것인데 술과 고기와 오신채(五辛菜)와 나쁜 말들은 삼가해야 할 것이며, 만약 마나시라(摩那屎羅)와 백개자(白芥子)를 취해 소금으로 버무려서는 신주(神呪) 이십일(二十一)번을 외우고 병(病)든 아이의 침대(寢臺)아래에서 그것을 불사르면, 그 아이를 병(病)들게 만들며 억눌렀던 마귀(魔鬼)가 흩어지면서 도망갈 것이니, 이는 견딜 수 없어 머물지 못하는 것 이니라. (주 : 마나시라는 누런 곰의 분뇨이다)

原文)--

若患耳聾者 呪胡麻油著耳中 即差

약환이롱자 주호마유착이중 즉차

譯解) 만약 귀를 먹어 근심하는 자(者)는 신주(神呪)를 외우면서 호마유(胡麻油)를 귀속에 바르면 곧 차도(差度)가 있게 되느니라.

原文)--

若患一邊偏風 耳鼻不通 手脚不隨者 取胡麻油

약환일변편풍 이비불통 수각불수자 취호마유

煎青木香 呪三七遍 摩拭身上 永得除差 又方

전청목향 주삼칠편 마식신상 영득제차 우방
取純牛酥 呪三七遍摩 亦差
취순우수 주삼칠편마 역차

譯解) 만약 한쪽이 반신불수(半身不隨)로 근심하여 귀와 코가 통(通)하지 못하고 손과 발이 마음대로 움직이지 않으면 참기름을 취(取)해서 향(香)이 나는 생나무와 달이고 신주(神呪)를 이십일(二十一)번 외워서 몸 위를 문지르면서 닦아내면 오래된 병(病)이 덜어져 차도(差度)가 있게 되느니라. 또 다른 처방(處方)은 순수(純粹)한 연유[牛 酥]를 취하여 신주(神呪)를 이십일(二十一)번 외워서 바르면 또한 차도(差度)가 있게 되느니라.

原文)--------------------------------------
若患難產者 取胡麻油 呪三七遍 摩產婦臍中 及玉
약환난산자 취호마유 주삼칠편 마산부제중 급옥
門中 即易生
문중 즉이생

譯解) 만약 난산(難產)으로 근심하는 자(者)는 참기름을 취(取)해서 신주(神呪) 이십일(二十一)번을 외워서 임산부(姙產婦)의 배꼽안과 옥문(玉門)속을 문지르면 곧 쉽게 낳게 되느니라.

原文)--------------------------------------

若婦人懷妊 子死腹中 取阿波末利伽草一大兩 清水
약부인회임 자사복중 취아파말리가초일대량 청수
二升和煎 取一升 呪三七遍服 即出一無苦痛 胎衣
이승화전 취일승 주삼칠편복 즉출일무고통 태의
不出者 亦服此藥 即差 (註 : 阿波末利伽草 牛膝草也)
불출자 역복차약 즉차 (주 : 아파말리가초 우슬초야)

譯解) 만약 부인(婦人)이 임신(姙娠)하여 자식이 뱃속에서 죽었을 때 아파말리가초(阿波末利伽草) 일대량(一大兩)을 취(取)해서 맑은 물 두되에 섞고 달여서는 한 되가 되었을 때 취(取)하여 신주(神呪) 이십일(二十一)번을 의우고 마시면, 곧 한 번의 고통(苦痛)없이 나오게 되는데 태반(胎盤)이 나오지 않는 자(者)는 또한 이 약(藥)을 마시면 곧 차도(差度)가 있게 되느니라.
(주 : 아파목리가초는 우슬초이다)

原文)--------------------------------------

若卒患心痛不可忍者 名遁屍疰 取君柱魯香 乳頭成
약졸환심통불가인자 명둔시주 취군주로향 유두성
者一顆 呪三七遍 口中嚼咽 不限多少 令變吐 即差
자일과 주삼칠편 구중작인 불한다소 영변토 즉차

愼五辛酒肉 (註：君柱魯香 薰陸香也)
신오신주육 (주 : 군주로향 훈륙향야)

譯解) 만약 갑작스런 병(病)으로 가슴이 아파 참을 수 없는 자(者)는 둔시주(遁屍疰)라 이름하나니, 군주로향(君柱魯香)을 취(取)하는데, 젖꼭지만한 크기로 한 개를 만들어 신주(神呪) 이십일(二十一)번을 외우고 입으로 씹어서 삼키면, 얼마 후에 토(吐)하게끔 되어 곧 차도(差度)가 있을 것인데, 오신채(五辛菜)와 술과 고기는 삼가야 하느니라. (주 : 군주로향은 훈육향이다)

原文)-----------------------------------

若被火燒瘡 取熱瞿摩夷 呪三七遍 塗瘡上 即差
약피화소창 취열구마이 주삼칠편 도창상 즉차
(註：熱瞿摩夷 烏牛屎也)
(주 : 열구마이 오우시야)

譯解) 만약 화상(火傷)을 당하여 상처(傷處)가 났을 때 열구마이(熱瞿摩夷)를 취(取)해서 신주(神呪) 이십일(二十一)번을 외우고 상처(傷處)위에 바르면 곧 차도(差度)가 있게 되느니라. (주 : 열구마이는 털빛이 검은 소의 분뇨이다)

原文)-------------------------------------

若 患 蛔 蟲 齩 心　取 骨 魯 木 遮 半 升　呪 三 七 遍 服　即 差
약 환 회 충 교 심　취 골 로 목 차 반 승　주 삼 칠 편 복　즉 차
重 者 一 升　蟲 如 綟 索 出 來 (註 : 骨魯木遮 白馬尿也)
중 자 일 승　충 여 려 색 출 래 (주 : 골로목차 백마시야)

譯解) 만약 회충(蛔蟲)으로 마음이 근심되면, 골로목차(骨魯木遮) 반 되를 취(取)하여 신주(神呪) 이십일(二十一)번을 외우고 마시면, 곧 차도(差度)가 있게 될 것이나 심(甚)한 자(者)는 한 되를 마시는데 벌레가 마치 연두 빛 같으며 동아줄 같이 꼬여서 나오게 되느니라. (주 : 골로목차는 흰말의 분뇨이다)

原文)-------------------------------------

若 患 丁 瘡 者　取 淩 鎖 葉　擣 取 汁　呪 三 七 遍　瀝 著 瘡 上
약 환 정 창 자　취 릉 쇄 엽　도 취 즙　주 삼 칠 편　역 착 창 상
即拔根出 立差
즉발근출 입차

譯解) 만약 부스럼 병(病)으로 근심하는 자(者)는 능쇄엽(淩鎖葉)을 가지고 찧어 즙(汁)을 내서 신주(神呪) 이십일(二十一)번을 외우고 부스럼 위에 스미도록 바르면, 곧 뿌리가 뽑혀 나가서 차도(差度)가 있게 되느니라.

原文)---

若患蠅螫眼中 骨魯怛佉濾取汁 呪三七遍 夜臥著眼中
약환승석안중 골로달거여취즙 주삼칠편 야와착안중
即差 (註：骨魯怛佉 新驢屎也)
즉차 (주：골로달거 신려시야)

譯解) 만약 쇠파리에게 눈 속을 쏘여서 근심되면, 골로달거(骨魯怛佉)를 걸러서 즙(汁)을 취(取)해 신주(神呪) 이십일(二十一)번을 외우고 밤에 눈 속에 바르고 자면, 곧 차도(差度)가 있게 되느니라. (주 : 골로달거는 어린 당나귀의 분뇨이다)

原文)---

若患腹中痛 和井華水 和印成鹽三七顆 呪三七遍
약환복중통 화정화수 화인성염삼칠과 주삼칠편
服半升 即差
복반승 즉차

譯解) 만약 뱃속이 아파 근심되면, 정화수(井華水)에 소금 이십일(二十一)개를 녹여 신주(神呪) 이십일(二十一)번을 외우고 반 되를 마시면, 곧 차도(差度)가 있게 되느니라.

原文)--------------------------------------

若患赤眼者 及眼中有努肉 及有翳者 取奢奢彌葉

약환적안자 급안중유노육 급유예자 취사사미엽

擣濾取汁 呪三七遍 浸青錢一宿 更呪七遍 著眼中

도려취즙 주삼칠편 침청전일숙 경주칠편 착안중

即差 (註 : 奢奢彌葉 枸杞葉也)

즉차 (주 : 사사미엽 구기엽야)

譯解) 만약 눈동자가 빨갛게 충혈(充血)되어 근심되는 자(者)와 눈속에 군살이 자라나 검은 눈동자를 가리는 병증(病症)이 있는 것과 눈에 하얀 막(幕)이 생겨 시야(視野)를 가리는 병증(病症)이 있는 자(者)는 사사미엽(奢奢彌葉)을 찧어서 여과(濾過)하여 즙(汁)을 취(取)하는데, 신주(神呪) 이십일(二十一)번을 외우고 그 즙(汁)에 청동동전(靑銅銅錢)을 하룻밤 담가놓고 다시 신주 일곱번을 외우고서 눈 속에 바르면, 곧 차도(差度)가 있게 되느니라. (주 : 사사미엽은 구기자의 잎이다)

原文)--------------------------------------

若患畏夜不安 恐怖出入驚怕者 取白線作索 呪三七遍

약환외야불안 공포출입경파자 취백선작색 주삼칠편

作二十一結 繫項 恐怖即除 非但除怖 亦得滅罪

작이십일결 계항 공포즉제 비단제포 역득멸죄

譯解) 만약 밤이 두려워 불안(不安)해하는 근심이 있어서 출입(出入)할 때 공포(恐怖)에 놀라 두려운 자(者)는 흰줄을 꼬아 만들어 신주(神呪) 스물한번을 외우고 줄을 이십일(二十一)매듭을 짓고 목에 매면, 두려움이 곧 없어지나니 단지 두려움을 없애는 것 뿐 만 아니라 또한 죄업(罪業)도 멸(滅)하게 되느니라.

原文)--

若家內橫起災難者 取石榴枝 寸截一千八段 兩頭

약가내횡기재난자 취석류지 촌절일천팔단 양두

塗酥酪蜜 一呪一燒 盡千八遍 一切災難 悉皆除滅

도수락밀 일주일소 진천팔편 일체재난 실개제멸

要在佛前作之

요재불전작지

譯解) 만약 집안에 재난(災難)이 갑자기 일어나는 자(者)는 석류(石榴)가지를 취(取)하여 일천팔(一千八)개의 짧은 토막으로 잘라서 수락밀(酥酪蜜)을 양쪽 머리에 발라 신주(神呪)를 한번 외우고 한번 불사르면서 일천팔(一千八)번을 다 마치면, 일체재난(一切災難)이 모두 다 제거(除去)되어 사라질 것인데 부처님 앞에서 하는 것이 중요(重要)하느니라.

原文)---

若取白菖蒲 呪三七遍 繫著右臂上 一切鬪處 論義處
약취백창포 주삼칠편 계착우비상 일체투처 논의처
皆得勝他
개득승타

譯解) 만약 백창포(白菖蒲)를 취(取)하여 신주(神呪) 이십일(二十一)번을 외우고 오른팔 위에 매달아 붙이면, 일체(一切)의 다툼이 있는 곳과 논의(論議)하는 곳에서 다른 모든 사람에게서 승리(勝利)를 얻게 되느니라.

原文)---

若取奢奢彌葉枝柯寸截 兩頭塗眞牛酥白蜜牛酥 一呪
약취사사미엽지가촌절 양두도진우수백밀우수 일주
一燒 盡一千八段 日別三時 時別一千八遍 滿七日
일소 진일천팔단 일별삼시 시별일천팔편 만칠일
呪師自悟通智也
주사자오통지야

譯解) 만약 사사미엽(奢奢彌葉) 가지의 마디를 잘라서 취(取)하고 양쪽 머리에 진우수(眞牛酥)와 백밀우스(白蜜牛酥)를 바르고 신주(神呪)를 한번 외우면서 한번 불사르기를 일천팔(一

千八)토막을 다 마치고 날마다 세 때로 시간(時間)을 나누어서 신주(神呪) 일천팔(一千八)번을 외워 칠일(七日)을 채우게되면, 신주(神呪)가 스승인 것이어서 스스로 깨달아 지혜(智慧)를 통달(通達)하게 되느니라.

原文)--

若欲降伏大力鬼神者 取阿唎瑟迦柴 呪七七遍 火中燒

약욕항복대력귀신자 취아리슬가시 주칠칠편 화중소

還須塗酥酪蜜 要須於大悲心像前作之

환수도수락밀 요수어대비심상전작지

(註 : 阿唎瑟迦柴 木患子也)

(주 : 아리슬가시 목환자야)

譯解) 만약 큰 능력(能力)을 지닌 귀신(鬼神)들을 항복(降伏)시키고자 하는 자(者)는 아리슬가시(阿唎瑟迦柴)를 취(取)하여 신주(神呪)를 사십구(四十九)번 외우고 불속에서 사루는데, 더더욱 수락밀(酥酪蜜)을 바를 때 모름지기 중요(重要)한 것은 대비심상(大悲心狀) 앞에서 해야 할 것 이니라. (주 : 아리슬가시는 목환자[모감주나무]이다)

原文)--

若取胡嚧遮那一大兩 著瑠璃瓶中 置大悲心像前

약취호로차나일대량 착유리병중 치대비심상전
呪一百八遍 塗身點額 一切天龍鬼神 人及非人
주일백팔편 도신점액 일체천용귀신 인급비인
皆悉歡喜也 (註：胡嚧遮那 牛黃是也)
개실환희야 (주 : 호로차나 우황시야)

譯解) 만약 호로차나(胡嚧遮那) 일대량(一大兩)을 취(取)해서 유리병속에 넣고 대비심상(大悲心狀) 앞에 놓고는 신주(神呪)를 일백팔(一百八)번을 외워 점액(粘液)을 몸에 바르게되면, 일체(一切)의 하늘과 용(龍)과 귀신(鬼神)과 사람[人:인]과 사람같으나 사람아닌 존재[非人:비인]들이 모두다 기뻐할 것 이니라. (주 : 호로차나는 우황이다)

原文)---
若有身被枷鎖者 取白鴿糞 呪一百八遍 塗於手上
약유신피가쇄자 취백합분 주일백팔편 도어수상
用摩枷鎖 枷鎖自脫也
용마가쇄 가쇄자탈야

譯解) 만약 어떤 사람의 몸에 쇠사슬이 채워져있는 자(者)는 흰 비둘기 똥을 취(取)해서 신주(神呪) 일백팔(一百八)번을 외워 손위에 바르고 쇠사슬을 문지르면, 쇠사슬로부터 벗어나게 될 것 이니라.

原文)--

若有夫婦不和 狀如水火者 取鴛鴦尾 於大悲心像前
약유부부불화 상여수화자 취원앙미 어대비심상전
呪一千八遍 帶 彼即終身歡喜相愛敬
주일천팔편 대 피즉종신환희상애경

譯解) 만약 어떤 부부(夫婦)가 불화(不和)하여 상황(狀況)이 마치 물과 불처럼 된 자(者)는 원앙(鴛鴦)새의 꼬리를 취(取)하여 대비심상(大悲心狀) 앞에서 신주(神呪) 일천팔(一千八)번을 외우고 허리에 차면, 그 몸이 다할 때 까지 환희(歡喜)하면서 서로 사랑하고 공경(恭敬)하게 되느니라.

原文)--

若有被蟲食田苗及五果子者 取淨灰淨沙或淨水
약유피충식전묘급오과자자 취정회정사혹정수
呪三七遍 散田苗四邊 蟲即退散也 果樹兼呪水
주삼칠편 산전묘사변 충즉퇴산야 과수겸주수
灑者樹上 蟲不敢食果也
쇄자수상 충불감식과야

譯解) 만약 어떤 벌레들에게 밭 작물(作物)이나 오과(五果)의 열매를 먹히게 된 자(者)는 깨끗한 재나 깨끗한 모래나 혹은 깨끗한 물을 취(取)해서, 신주(神呪) 이십일(二十一)번을 외우고 밭 작물의 네 주변(周邊)에 흩어 뿌리면, 벌레들이 곧 흩어져서 물러갈 것이며, 과일 나무에 아울러 신주(神呪) 외운 물을 나무 위에 뿌리게되면, 벌레들이 감(敢)히 과일을 먹지 못할 것 이니라.

(6)관세음보살(觀世音菩薩) 42수진언(四十二手眞言)의 암송(暗誦)에 따른 제마(除魔)와 이익성취(利益成就)

(첨부설명)--------------------------------------

역자(譯者)는 관세음보살(觀世音菩薩) 42수진언(四十二手眞言)의 내용(內容)을 살펴보기에 앞서 42수진언(四十二手眞言)의 발음(發音)에 대해 기존(旣存)에 많은 불자(佛子)들이 암송(暗誦)해왔던 우리식의 기존발음(旣存發音)을 표기(表記)해 놓았으며 추가(追加)로 범어(梵語)의 발음(發音)도 함께 표기(表記)해 놓았다.

관세음보살(觀世音菩薩) 42수진언(四十二手眞言)의 본문내용(本文內容)을 살펴보면 아래와 같다.

* 가장 처음은 범자표기(梵字表記)에 해당한다.
1)번 항목(項目)은 대정신수대장경(大正新脩大藏經)에 실려있는 중국식발음(中國式發音)의 42수진언(四十二手眞言) 한자표기(漢字表記)에 해당한다.
2)번 항목은 기존(旣存)에 암송(暗誦)되어 온 현행(現行) 우리식의 42수진언(四十二手眞言) 발음(發音)에 해당한다.
3)번 항목(項目)은 범자(梵字)에 따른 로마나이즈로서 세계 공통(世界共通)의 발음표기(發音表記)에 해당한다.
4)번 항목(項目)은 로마나이즈에 따른 범어원음(梵語原音)을 우리 한글로 표기(表記)한 것에 해당하며, 청색(靑色)의 굵은 글씨를 읽거나 암송(暗誦)하면, 로마나이즈에 따른 범어원음(梵語原音)의 발음(發音)에 최대한 가깝게 구사 할 수 있을 것으로 사려(思慮)해 본다.

原文)---------------------------------------

佛告阿難

불고아난

譯解) 부처님께서 아난(阿難)에게 이르시기를

原文)--

若為富饒種種珍寶資具者 當於如意珠手

약위부요종종진보자구자 당어여의주수

譯解) 만약 여러가지의 진귀(珍貴)한 보배재물을 갖추어 풍요(豊饒)롭게 되려는 자(者)는 마땅히 여의주수진언(如意珠手眞言)을 외워라.

①여의주수진언(如意珠手眞言)

(1)唵 嚩曰囉 嚩哆囉 吽泮吒

(2)옴 바아라 바다라 훔바탁

(3)Om. vajrā vatāra hūm.phat.

(4)옴 와즈라 와타라 훔파트

原文)--

若為種種不安求安隱者 當於羂索手

약위종종불안구안은자 당어견색수

譯解) 만약 여러가지의 불안(不安)함에서 안온(安穩)함을 구하려는 자(者)는 마땅히 견색수진언(羂索手眞言)을 외워라.

②견색수진언(羂索手眞言)

(1)唵 枳哩攞囉 謨捺囉 吽泮吒
(2)옴 기리나라 모나라 훔바탁
(3)Om. kīlīkīlara varāudra hūm.phat.
(4)옴 끼리끼라라 와라우드라 훔파트

原文)--
若為腹中諸病 當於寶鉢手
약위복중제병 당어보발수

譯解) 만약 뱃속의 모든 병(病)을 없애려거든 마땅히 보발수진언(寶鉢手眞言)을 외워라.

③보발수진언(寶鉢手眞言)

(1)唵 枳哩枳哩 嚩曰囉 吽泮吒
(2)옴 기리기리 바아라 훔바탁
(3)Om. kīlikīli vajra hūm.phat.
(4)옴 끼리끼리 와즈라 훔파트

原文)-------------------------------------
若為降伏一切魍魎鬼神者 當於寶劍手
약위항복일체망량귀신자 당어보검수

譯解) 만약 일체(一切)의 도깨비[魍魎]와 귀신(鬼神)을 항복(降伏)시키려는 자(者)는 마땅히 보검수진언(寶劍手眞言)을 외워라.

④보검수진언(寶劍手眞言)

(1)唵 帝勢帝惹 覩尾儜 覩提 婆馱野 吽泮吒
(2)옴 제세제야 도미니 도제 사다야 훔바탁
(3)Om. tejeteja sīvīnī sīdde sadhaya hūm.phat.
(4)옴 떼제떼자 시위니 싣데 사다야 훔파트

原文)--

若為降伏一切天魔神者 當於跋折羅手

약위항복일체천마신자 당어발절라수

譯解) 만약 일체(一切)의 하늘[天:천]과 마(魔)와 신(神)을 항복(降伏)시키려는 자(者)는 마땅히 발절라수진언(跋折羅手眞言)을 외워라.

⑤발절라수진언(跋折羅手眞言)

(1)唵 儞陛 儞陛 儞跛野 摩訶 室哩曳 薩嚩賀

(2)옴 이베 이베 이파야 마하 시리예 사바하

(3)Om. dīpya dīpya dipaya mahā ˋsrye svāhā

(4)옴 디빠 디빠 디빠야 마하 쉬리예 스와하

原文)--

若為摧伏一切怨敵者 當於金剛杵手

약위최복일체원적자 당어금강저수

譯解) 만약 일체(一切) 원한(怨恨)의 적(敵)을 꺾어 항복(降伏) 시키려는 자(者)는 마땅히 금강저수진언(金剛杵手眞言)

을 외워라.

⑥금강저수진언(當於金剛杵手)

(1)唵 嚩曰囉 祇儜鉢囉 儞鉢多野 薩嚩賀
(2)옴 바아라 아니바라 닙다야 사바하
(3)Om. vajrā gnipra diptaya svāhā
(4)옴 와즈라 그니쁘라 딥따야 스와하

原文)--
若為一切處 怖畏不安者 當於施無畏手
약위일체처 포외불안자 당어시무외수

譯解) 만약 일체(一切) 장소(場所)의 공포(恐怖)와 두려움으로 불안(不安)한 자(者)는 마땅히 시무외수진언(施無畏手眞言)을 외워라.

⑦시무외수진언(施無畏手眞言)

(1)唵 嚩曰羅曩野 吽泮吒

(2)옴 바아라나야 훔바탁

(3)Om. jvalanaya hūm.phaṭ

(4)옴 즈와라나야 훔파트

原文)--

若為眼闇無光明者 當於日精摩尼手

약위안암무광명자 당어일정마니수

譯解) 만약 눈이 어두워 광명(光明)이 없는 자(者)는 마땅히 일정마니수진언(日精摩尼手眞言)을 외워라.

⑧일정마니수진언(日精摩尼手眞言)

(1)唵 度比(度比)迦野 度比鉢囉 嚩哩儜 薩嚩賀

(2)옴 도비가야 도비바라 바리니 사바하

(3)Om. dhūpīdhūpīkaya dhūpīpra jvarī svāhā

(4)옴 두삐두삐까야 두삐쁘라 즈와리 스와하

原文)--

若為熱毒病求清涼者 當於月精摩尼手

약위열독병구청량자 당어월정마니수

譯解) 만약 열이나는 독(毒)한 병(病)으로 맑고 시원함을 구(求)하려는 자(者)는 마땅히 월정마니수진언(月精摩尼手眞言)을 외워라.

⑨월정마니수진언(月精摩尼手眞言)

(1)唵 蘇悉地 揭哩 薩嚩賀
(2)옴 소싯지 아리 사바하
(3)Om. sūsīddhī karī svāhā
(4)옴 수싣디 까리 스와하

原文)--------------------------------------
若為榮官益職者 當於寶弓手
약위영관익직자 당어보궁수

譯解) 만약 영예(榮譽)로운 벼슬[官:관]과 이익(利益)되는 직책(職責)에 있게 하려는 자(者)는 마땅히 보궁수진언(寶弓手眞言)을 외워라.

⑩보궁수진언(寶弓手眞言)

(1)唵 阿左尾隸 薩嚩賀
(2)옴 아자미레 사바하
(3)Om. acalavīre svāhā
(4)옴 아짜라위레 스와하

原文)--
若為諸善朋友早相逢者 當於寶箭手
약위제선붕우조상봉자 당어보전수

譯解) 만약 모든 훌륭한 벗을 일찌감치 만나려하는 자(者)는 마땅히 보전수진언(寶箭手眞言)을 외워라.

⑪보전수진언(寶箭手眞言)

(1)唵 迦摩攞 薩嚩賀
(2)옴 가마라 사바하
(3)Om. kamala svāhā
(4)옴 까마라 스와하

原文)--
若為身上種種病者 當於楊枝手

약위신상종종병자 당어양지수

譯解) 만약 몸 위에 여러가지의 병(病)이 있는 자(者)는 마땅히 양지수진언(楊枝手眞言)을 외워라.

⑫양지수진언(楊枝手眞言)

(1-1)唵 蘇悉地 迦哩嚩哩哆喃哆 目哆曳 嚩曰囉 嚩曰囉
(2-1)옴 소싯지 가리바리다남타 목다예 바아라 바아라
(3-1)Om. sūsīddhī karījvalatanamta mur.rttaye jvara jvara
(4-1)옴 수싣디 까리즈와라따남따 므리르따예 즈와라 즈와라

(1-2)畔馱 (畔馱) 賀曩 賀曩 吽泮吒
(2-2)반다 (반다) 하나 하나 훔바탁
(3-2)bandha bandha hana hana hūm.phat.
(4-2)반다 반다 하나 하나 훔파트

原文)---------------------------------------
若為除身上惡障難者 當於白拂手

약위제신상악장난자 당어백불수

譯解) 만약 몸 위에 악업장애(惡業障碍)의 어려움을 없애려는 자(者)는 마땅히 백불수진언(白拂手眞言)을 외워라.

⑬ 백불수진언(白拂手眞言)

(1)唵 鉢娜弭儜 婆誐嚩帝 謨賀野 惹誐 謨賀儜 薩嚩賀

(2)옴 바나미니 바아바제 모하야 아아 모하니 사바하

(3)Om. padmane bhagavatī mohaya mohaya jaga mauhanī svāhā

(4)옴 빠드마네 바가와띠 모하야 모하야 자가 마우하니 스와하

原文)---

若為一切善和眷屬者 當於寶甁手

약위일체선화권속자 당어보병수

譯解) 만약 일체(一切)의 권속(眷屬)들을 훌륭히 화합(和合)시키려는 자(者)는 마땅히 보병수진언(寶甁手眞言)을 외워라.

⑭ 보병수진언(寶甁手眞言)

(1)唵 揭隷 糝滿焰 薩嚩賀
(2)옴 아례 삼만염 사바하
(3)Om. `samkare samayam svāhā
(4)옴 샴까레 사마얌 스와하

原文)---

若為辟除一切虎狼豺豹諸惡獸者 當於旁牌手
약위벽제일체호랑시표제악수자 당어방패수

譯解) 만약 일체(一切)의 호랑이[虎:호]와 이리[狼:랑]와 승냥이[豺:시]와 표범[豹:표]등 모든 악한 짐승을 물리치려는 자(者)는 마땅히 방패수진언(旁牌手眞言)을 외워라.

⑮방패수진언(旁牌手眞言)

(1)唵 藥葛釤 曩那野 戰捺羅 達耨播哩野跛舍 跛舍 薩嚩賀
(2)옴 약삼 나나야 전나라 다노발 야바사 바사 사바하
(3)Om. yaks.a nadhaya katra dhanu prīya pa`sā pa`sā svāhā
(4)옴 약싸 나다야 까뜨라 다누 쁘리야 빠샤 빠샤 스와하

原文)---

若為一切時處 好離官難者 當於鉞斧手

약위일체시처 호리관리자 당어월부수

譯解) 만약 일체(一切)의 시기(時期)와 장소(場所)에서 관료(官僚)들의 억압(抑壓)에서 벗어나기를 좋아하는 자(者)는 마땅히 월부수진언(鉞斧手眞言)을 외워라.

⑯월부수진언(鉞斧手眞言)

(1)唵 味囉野 味囉野 薩嚩賀

(2)옴 미라야 미라야 사바하

(3)Om. vīra vīraya svāhā

(4)옴 위라 위라야 스와하

原文)---

若為男女僕使者 當於玉環手

약위남녀복사자 당어옥환수

譯解) 만약 남녀(男女) 하인(下人)들을 순종(順從)하게 하려는 자(者)는 마땅히 옥환수진언(玉環手眞言)을 외워라.

⑰옥환수진언(玉環手眞言)

(1)唵 鉢娜含 味囉野 薩嚩賀

(2)옴 바나맘 미라야 사바하

(3)Om. padma vīraya svāhā

(4)옴 빠드마 위라야 스와하

原文)---

若為種種功德者 當於白蓮華手

약위종종공덕자 당어백련화수

譯解) 만약 여러가지의 공덕(功德)을 성취(成就)하려는 자(者)는 마땅히 백련화수진언(白蓮華手眞言)을 외워라.

⑱백련화수진언(白蓮華手眞言)

(1)唵 嚩曰囉 味囉野 薩嚩賀

(2)옴 바아라 미라야 사바하

(3)Om. vajra vīraya svāhā
(4)옴 와즈라 위라야 스와하

原文)--

若為欲得往生十方淨土者 當於青蓮華手
약위욕득왕생시방정토자 당어청련화수

譯解) 만약 시방정토(十方淨土)에 왕생(往生)을 얻으려고 하는 자(者)는 마땅히 청련화수진언(青蓮華手眞言)을 외워라.

⑲청련화수진언(青蓮華手眞言)

(1)唵 枳哩枳哩 嚩曰囉 部囉畔馱 吽泮吒
(2)옴 기리기리 바아라 부라반다 훔바탁
(3)Om. karīkarī vajra vajrī bhūrabhanu hūm.phat.
(4)옴 까리까리 와즈라 와즈리 브라바누 훔파트

原文)--

若為大智慧者 當於寶鏡手
약위대지혜자 당어보경수

譯解) 만약 큰 지혜(智慧)를 성취(成就)하려는 자(者)는 마땅히 보경수진언(寶鏡手眞言)을 외워라.

⑳보경수진언(寶鏡手眞言)

(1)唵 尾薩普囉那 囉葛叉 嚩曰囉 曼荼攞 吽泮吒
(2)옴 미 보라나 락사 바아라 만다라 훔바탁
(3)Om. vīsphurad raks.a vajra pam.jara hūm.phat.
(4)옴 위스푸라드 띾싸 와즈라 빰자라 훔파트

原文)--
若為面見十方一切諸佛者 當於紫蓮華手
약위면견시방일체제불자 당어자련화수

譯解) 만약 시방일체(十方一切) 모든 부처님을 뵙고자하는 자(者)는 마땅히 자련화수진언(紫蓮華手眞言)을 외워라.

㉑자련화수진언(紫蓮華手眞言)

(1)唵 薩囉薩囉 嚩曰囉 迦囉 吽泮吒

(2)옴 사라사라 바아라 가라 훔바탁
(3)Om. sarasara vajra prakāra hūm.phat.
(4)옴 사라사라 와즈라 쁘라까라 훔파트

原文)--------------------------------------

若為地中伏藏者 當於寶篋手
약위지중복장자 당어보협수

譯解) 만약 땅속 깊히 감추어진 것을 얻으려는 자(者)는 마땅히 보협수진언(寶篋手眞言)을 외워라.

㉒보협수진언(寶篋手眞言)

(1)唵 嚩曰囉 播設迦哩 揭曩 含囉 吽
(2)옴 바아라 바사가리 아나 맘나 훔
(3)Om. vajra pahr: gagana mala hūm.
(4)옴 와즈라 빠흐릭 가가나 마라 훔

原文)--------------------------------------

若為仙道者 當於五色雲手
약위선도자 당어오색운수

譯解) 만약 신선(神仙)의 도(道)를 성취(成就)하려는 자(者)는 마땅히 오색운수진언(五色雲手眞言)을 외워라.

㉓오색운수진언(五色雲手眞言)

(1)唵 嚩曰囉 迦哩囉吒 含吒
(2)옴 바아라 가리라타 맘타
(3)Om. vajra kālirat. mat.
(4)옴 와즈라 까리라트 마트

原文)--

若為生梵天者 當於軍遲手
약위생범천자 당어군지수

譯解) 만약 범천(梵天)에 나고자하는 자(者)는 마땅히 군지수진언(軍遲手眞言)을 외워라.

㉔군지수진언(軍遲手眞言)

(1)唵 嚩曰囉 勢佉囉嚕吒 含吒

(2)옴 바아라 서가 로타 맘타
(3)Om. vajra `sīkhararūt.a mat.
(4)옴 와즈라 쉬카라루타 마트

原文)--
若為往生諸天宮者 當於紅蓮華手
약위왕생제천궁자 당어홍련화수

譯解) 만약 모든 하늘[天:천] 궁전(宮殿)에 왕생(往生)하려는 자(者)는 마땅히 홍련화수진언(紅蓮華手眞言)을 외워라.

㉕홍련화수진언(紅蓮華手眞言)

(1)唵 商揭隸 薩嚩賀
(2)옴 상아례 사바하
(3)Om. `sam.kare samayam svāhā
(4)옴 삼까레 사마얌 스와하

原文)--
若為辟除他方逆賊者 當於寶戟手

약위벽제타방역적자 당어보극수

譯解) 만약 타방(他方)의 역적(逆賊)을 제거(除去)하려는 자(者)는 마땅히 보극수진언(寶戟手眞言)을 외워라.

㉖보극수진언(寶戟手眞言)

(1)唵 糝昧野 祇儜賀哩 吽泮吒
(2)옴 삼매야 기니하리 훔바탁
(3)Om. asamam. gīnihr: hūm.phat.
(4)옴 아사맘 기니흐릭 훔파트

原文)--
若為召呼一切諸天善神者 當於寶螺手
약위소호일체제천선신자 당어보라수

譯解) 만약 일체(一切)의 모든 하늘[天;천]과 훌륭한 신(神)들을 부르려는 자(者)는 마땅히 보라수진언(寶螺手眞言)을 외워라.

㉗보라수진언(寶螺手眞言)

(1)唵 商揭隷 摩賀 糝滿焰 薩嚩賀

(2)옴 상아례 마하 삼만염 사바하

(3)Om. `sam.kare maha samayam. svāhā

(4)옴 샴까레 마하 사마얌 스와하

原文)-----------------------------------

若為使令一切鬼神者 當於髑髏杖手

약위사령일체귀신자 당어촉루장수

譯解) 만약 일체(一切)의 귀신(鬼神)들을 부리려는 자(者)는 마땅히 촉루장수진언(髑髏杖手眞言)을 외워라.

㉘촉루장수진언(髑髏杖手眞言)

(1)唵 度曩 嚩曰囉 郝

(2)옴 도나 바아라 학

(3)Om. dhūna vajra hā

(4)옴 두나 와즈라 하

原文)--

若為十方諸佛速來授手者 當於數珠手

약위시방제불속래수수자 당어수주수

譯解) 만약 시방(十方)의 모든 부처님들이 속(速)히 오셔서 손을 내밀어주기를 원하는 자(者)는 마땅히 수주수진언(數珠手 眞言)을 외워라.

㉙수주수진언(數珠手眞言)

(1)曩謨 囉怛曩怛囉夜野 唵 阿那婆帝 尼惹曳 悉地悉馱栗簪 薩嚩賀

(2)나모 라다나다라야야 옴 아나바제 미아예 싯디싯달 제 사바하

(3)Namo ratnatrayāya om. adbhute vījaye siddhī siddharthe svāhā

(4)나모 라뜨나뜨라야야 옴 아드부떼 위자예 씯디 씯다르테 스와하

原文)--

若為成就一切上妙梵音聲者 當於寶鐸手

약위성취일체상묘범음성자 당어보탁수

譯解) 만약 일체(一切)의 최상(最上)으로 미묘(微妙)한 하늘소리를 성취(成就)하려는 자(者)는 마땅히 보탁수진언(寶鐸手眞言)을 외워라.

㉚보탁수진언(寶鐸手眞言)

(1)曩謨 鉢娜含 播拏曳 唵 阿密栗 擔儼陛室哩曳寶哩 哩儜 薩嚩賀
(2)나모 바나맘 바나예 옴 아미리 담암베시리예시리탐리니 사바하
(3)Namo padma pan.aye om. amr.ta game `srīye `srī malīnī svāhā
(4)나모 빠드마 빠나예 옴 아므리따 가메 쉬리예 쉬리 마리니 스와하

原文)---------------------------------------

若為口業辭辯巧妙者 當於寶印手
약위구업사변교묘자 당어보인수

譯解) 만약 조리(條理)있는 말로 솜씨있고 묘(妙)하게 구업(口業)을 얻으려는 자(者)는 마땅히 보인수진언(寶印手眞言)을

외워라.

㉛보인수진언(寶印手眞言)

(1)唵 嚩曰囉 儜擔 惹曳 薩嚩賀
(2)옴 바아라 네담 아예 사바하
(3)Om. vajra jītam. jaye svāhā
(4)옴 와즈라 지땀 자예 스와하

原文)---
若為善神龍王常來擁護者 當於俱尸鐵鉤手
약위선신용왕상래옹호자 당어구시철구수

譯解) 만약 훌륭한 신(神)과 용왕(龍王)이 항상(恒常) 와서 옹호(擁護)해 주기를 원(願)하는 자(者)는 마땅히 구시철구수진언(俱尸鐵鉤手眞言)을 외워라.

㉜구시철구수진언(俱尸鐵鉤手眞言)

(1)唵 阿哦嚕哆囉 迦囉 毘沙曳 曩謨 薩嚩賀
(2)옴 아가로다라 가라 미사예 나모 사바하
(3)Om agārtara gra vīs.aye namah: svāhā
(4)옴 아가르따라 그라 위싸예 나막 스와하

原文)--------------------------------------
若為慈悲覆護一切衆生者 當於錫杖手
약위자비복호일체중생자 당어석장수

譯解) 만약 일체중생(一切衆生)을 자비(慈悲)로 감싸고 보호(保護)하려는 자(者)는 마땅히 석장수진언(錫杖手眞言)을 외워라.

㉝석장수진언(錫杖手眞言)

(1)唵 那栗智 那栗智 那栗吒鉢底 那栗帝 娜夜鉢儜 吽泮吒
(2)옴 날지 날지 날타바지 날제 나야바니 훔바탁
(3)Om. nr.t.ī nr.t.ī nr.t.apani nr.t.e nr.t.ya pane hūm.phat.
(4)옴 느리띠 느리띠 느리따빠니 느리떼 느리뜨야 빠네 훔파트

原文)--------------------------------------

若為一切衆生常相恭敬愛念者 當於合掌手
약위일체중생상상공경애념자 당어합장수

譯解) 만약 일체중생(一切衆生)들이 항상(恒常) 서로 공경(恭敬)하고 사랑하는 생각을 갖게 하려는 자(者)는 마땅히 합장수진언(合掌手眞言)을 외워라.

㉞합장수진언(合掌手眞言)

(1)唵 鉢納曼 惹陵 紇哩
(2)옴 바나맘 아링 하리
(3)Om. padmam. jalim. hrīh:
(4)옴 빠드맘 자림 흐릭

原文)--------------------------------------
若為生生之衆不離諸佛邊者 當於化佛手
약위생생지중불리제불변자 당어화불수

譯解) 만약 중생(衆生)들이 모든 부처님 주변을 떠나지 않는 곳에서 나고 또 나려는 자(者)는 마땅히 화불수진언(化佛手眞言)을 외워라.

㉟화불수진언(化佛手眞言)

(1)唵 戰娜囉 婆含吒哩 迦哩娜祇哩 娜祇哩梶 吽泮吒
(2)옴 전나라 바맘타이 가리나기리 나기리 훔바탁
(3)Om. candra bhaman.tulī ghr.n.ī ghr.n.i hūm.phat.
(4)옴 짠드라 바만뚜리 그리니 그리니 훔파트

原文)------------------------------------
若為生生世世常在佛宮殿中 不處胎藏中受身者 當於
약위생생세세상재불궁전중 불처태장중수신자 당어
化宮殿手
화궁전수

譯解) 만약 세세생생(世世生生) 항상(恒常) 부처님 궁전(宮殿) 안에 있고 태장(胎藏)속에 거처(居處)하는 몸을 받지 않으려는 자(者)는 마땅히 화궁전수진언(化宮殿手眞言)을 외워라.

㊱화궁전수진언(化宮殿手眞言)

(1)唵 微薩囉 微薩囉 吽泮吒
(2)옴 미사라 미사라 훔바탁
(3)Om. vīsara vīsara hūm.phat.
(4)옴 위사라 위사라 훔파트

原文)--

若為多聞廣學者 當於寶經手
약위다문광학자 당어보경수

譯解) 만약 많이 듣고 널리 배우고자하는 자(者)는 마땅히 보경수진언(寶經手眞言)을 외워라.

㊲보경수진언(寶經手眞言)

(1)唵 阿賀囉 薩囉嚩 尾儞野 馱囉 布儞帝 薩嚩賀
(2)옴 아하라 살바 미냐 다라 바니데 사바하
(3)Om. ahara sarva vīdya dhara pujīte svāhā
(4)옴 아하라 사르와 위드야 다라 뿌지떼 스와하

原文)--

若為從今身至佛身 菩提心常不退轉者 當於不退金輪手
약위종금신지불신 보리심상불퇴전자 당어불퇴금륜수

譯解) 만약 금생(今生)의 몸으로부터 부처의 몸이 될 때까지 깨닫고자하는 마음에서 항상(恒常) 물러나지 않으려는 자(者)는 마땅히 불퇴금륜수진언(不退金輪手眞言)을 외워라.

㊳불퇴금륜수진언(不退金輪手眞言)

(1)唵 設那弭左 薩嚩賀
(2)옴 서나미자 사바하
(3)Om. cedemīnī svāhā
(4)옴 쩨데미니 스와하

原文)--
若為十方諸佛速來摩頂授記者 當於頂上化佛手
약위시방제불속래마정수기자 당어정상화불수

譯解) 만약 시방(十方)의 모든 부처님께서 속(速)히 오서서 정수리를 어루만지시며 수기(授記)해 주시기를 원(願)하는 자(者)는 마땅히 정상화불수진언(頂上化佛手眞言)을 외워라.

㊴정상화불수진언(頂上化佛手眞言)

(1)唵 嚩曰哩尾 嚩曰藍藝 薩嚩賀
(2)옴 바아라니 바아람예 사바하
(3)Om. vajrīn.ī vajram.ge svāhā
(4)옴 와즈리니 와즈람게 스와하

原文)--
若為果蓏諸穀稼者 當於葡萄手
약위과라제곡가자 당어포도수

譯解) 만약 과실(果實)과 열매등 모든 곡식(穀食)들을 심어 얻고자하는 자(者)는 마땅히 포도수진언(葡萄手眞言)을 외워라.

㊵포도수진언(葡萄手眞言)

(1)唵 阿摩攞 劍帝儞儜 薩嚩賀
(2)옴 아마라 검제이니 사바하
(3)Om. amala kam.tītejīnī svāhā

(4)옴 아마라 깜띠떼지니 스와하

原文)--

若爲一切 飢渴有情及諸餓鬼 得淸涼者 當於甘露手

약위일체 기갈유정급제아귀 득청량자 당어감로수

譯解) 만약 일체(一切)의 기갈(飢渴)한 유정(有情)과 모든 아귀(餓鬼)에게 청량(淸凉)함을 얻게 하려는 자(者)는 마땅히 감로수진언(甘露手眞言)을 외워라.

㊶감로수진언(甘露手眞言)

(1)唵 素嚕素嚕 鉢羅素嚕 鉢羅素嚕 素嚕素嚕野 薩嚩賀

(2)옴 소로소로 바라소로 바라소로 소로소로야 사바하

(3)Om. surusuru prasuru prasuru surusuruya svāhā

(4)옴 수루수루 쁘라수루 쁘라수루 수루수루야 스와하

原文)--

若爲能伏三千大天世界怨魔者 當於總攝千臂手

약위능복삼천대천세계원마자 당어총섭천비수

譯解) 만약 삼천대천세계(三千大千世界)의 원적(怨敵)인 마군(魔群)을 항복(降伏)받으려면 마땅히 총섭천비수진언(總攝千臂手眞言)을 외워라.

㊷총섭천비수진언(總攝千臂手眞言)

(1)怛你也他 嚩路枳諦溼嚩囉野 薩婆 咄瑟吒 嗚賀弭野 娑嚩賀
(2)다냐타 바로기제새바라야 살바 도따 오하야기 사바하
(3)Tadyathā valokiteśvarāya sarvadūs.t.a ūhamīya svāhā
(4)따드야타 왈로끼떼슈와라야 사르와두쓰따 우하미야 스와하

原文)--

如是可求之法 有其千條 今粗略說少耳

여시가구지법 유기천조 금조약설소이

譯解) 이와같이 구(求)할수 있는 방법(方法)이 바야흐로 천(千)가지가 있으나 지금은 매우 간략(簡略)하게 조금만 설명(說明)한 것이니라.

原文)--

日光菩薩 爲受持大悲心陀羅尼者 說大神呪而擁護之

일광보살 위수지대비심다라니자 설대신주이옹호지

譯解) 일광보살(日光菩薩)께서 대비심다라니(大悲心陀羅尼)를 받아 지니는 자(者)를 위해 옹호(擁護)하는 대신주(大神呪)를 설(說)하시니,

(1)南無 勃陀 瞿那迷(一)
(2)나무 발다 구나미
(3)Namo buddhā kun.ami
(4)나모 붇다 꾸나미

---

(1)南無 達摩 莫訶低(二)
(2)나무 달마 막가저
(3)Namo dhārma mahati
(4)나모 다르마 마하띠

---

(1)南無 僧伽 多夜泥(三)
(2)나무 승가 다야니
(3)Namo sam.gha tayān.i
(4)나모 삼가 따야니

(1)底哩 部畢 薩咄 檐納摩(四)
(2)저리 부필 살돌 첨납마
(3)Tira bhūbhi satva dam.dma
(4)띠라 부비 사뜨와 담드마

原文)-----------------------------------

誦此呪滅一切罪 亦能辟魔及除天災 若誦一遍
송차주멸일체죄 역능벽마급제천재 약송일편
禮佛一拜 如是日別三時 誦呪禮佛 未來之世
예불일배 여시일별삼시 송주예불 미래지세
所受身處 當得一一相貌端正 可喜果報
소수신처 당득일일상모단정 가희과보

譯解) 이 신주(神呪)를 외우게 되면 일체죄업(一切罪業)을 멸(滅)하고 또한 능(能)히 마(魔)를 물리침과 하늘의 재앙(災殃)을 제거(除去)할 수 있을 것인데, 만약 한번을 외우고 예(禮)를 갖추어 부처님께 한번 절하기를 이와같이 날마다 세 때로 나누어 신주(神呪)를 외워 부처님께 예(禮)를 올리게 되면, 미래세상(未來世上)에 몸을 받는 곳 마다 마땅히 하나하나의 모습과 용모(容貌)가 단정(端正)해져서 가(可)히 기쁜 과보(果

報)가 있게 되느니라.

原文)--

月光菩薩 亦復為諸行人 說陀羅尼呪而擁護之

월광보살 역부위제행인 설다라니주이옹호지

譯解) 월광보살(月光菩薩)께서도 또한 모든 수행인(修行人)을 위해 다시 옹호(擁護)하는 다라니신주(陀羅尼神呪)를 설(說)하시니,

(1)深低 帝屠 蘇吒(一)
(2)심저 제도 소타
(3)Sam.dhe titu sūt.ha
(4)삼데 띠뚜 수타

----

(1)阿若蜜 帝烏 都吒(二)
(2)아약밀 제오 도타
(3)Ah:mi tiau tūt.ha
(4)악미 띠아우 뚜타

(1)深者吒 波賴帝(三)

(2)심기타 파뢰제

(3)Sam.kait.ha palouti

(4)삼까이타 빠로우띠

---

(1)耶彌 若吒 烏都吒(四)

(2)야미 약타 오도타

(3)Yemi jat.ha autūt.ha

(4)예미 야타 아우뚜타

---

(1)拘羅 帝吒 耆摩吒(五)

(2)구라 제타 기마타

(3)Kaulā taut.ha kaimot.ha

(4)까우라 따우타 까이모타

---

(1)沙婆訶(六)

(2)사바하

(3)Svāhā

(4)스와하

原文)--

誦此呪五遍 取五色線作呪索 痛處繫 此呪乃是過去
송차주오편 취오색선작주색 통처계 차주내시과거
四十恒河沙諸佛所說 我今亦說 爲諸行人作擁護故
사십항하사제불소설 아금역설 위제행인작옹호고
除一切障難故 除一切惡病痛故 成就一切諸善法故
제일체장난고 제일체악병통고 성취일체제선법고
遠離一切諸怖畏故
원이일체제포외고

譯解) 이 신주(神呪)를 다섯번 외우고 오색(五色)실을 취(取)해서 신주(神呪)끈을 만들어 아픈 곳에 묶어 놓을 것 이니라. 이 신주(神呪)는 무릇 과거(過去) 사십항하사(四十恒河沙)의 모든 부처님께서 말씀하신 바이니, 내가 지금 또한 설(說)하는 것은 모든 수행인(修行人)을 위해 옹호(擁護)하는 까닭이 있으며, 일체(一切)의 장애(障碍)와 어려움을 없애기 위한 까닭이 있으며, 일체(一切)의 악(惡)한 병(病)으로부터 고통(苦痛)을 없애기 위한 까닭이 있으며, 일체(一切)의 모든 훌륭한 법(法)을 성취(成就)시키게 하는 까닭이 있으며, 일체(一切)의 모든 공포(恐怖)와 두려움에서 멀리 떠나게 하는 까닭이 있는 것이니라.

三. 流通分(유통분)

原文)--

佛告阿難 汝當深心清淨 受持此陀羅尼 廣宣流布
불고아난 여당심심청정 수지차다라니 광선류포
於閻浮提 莫令斷絶 此陀羅尼 能大利益三界衆生
어염부제 막령단절 차다라니 능대이익삼계중생
一切患苦縈身者 以此陀羅尼治之 無有不差者
일체환고영신자 이차다라니치지 무유불차자
此大神呪 呪乾枯樹 尙得生枝柯華果 何況有情
차대신주 주건고수 상득생지가화과 하황유정
有識衆生 身有病患 治之不差者 必無是處
유식중생 신유병환 치지불차자 필무시처

譯解) 부처님께서 아난(阿難)에게 이르시기를 너는 마땅히 마음을 깊이 청정(淸淨)히 하여 이 다라니(陀羅尼)를 받아 지녀서 널리 선양(宣揚)할 것인데, 염부제(閻浮提)에 흘러 퍼지게 해서 절대(絶對) 끊어지지 않게 하라. 이 다라니(陀羅尼)는 능(能)히 삼계(三界)의 중생(衆生)들에게 큰 이익(利益)이 있는 것이니, 일체(一切)의 고통(苦痛)으로 얽매여진 몸으로 근심이 있는 자(者)라도 이 다라니(陀羅尼)로서 다스린다면 낫지 않는 것이 없느니라. 이러한 대신주(大神呪)의 신주(神呪)

로서 말라서 시들은 나무가 살도록 기원(祈願)하면, 오히려 가지와 꽃과 열매가 살아날 것인데, 하물며 유정(有情)하여 앎이 있는 중생(衆生)들이 몸의 병(病)으로 근심하고 있을 때 신주(神呪)로서 다스렸는데도 낫지 않는 일은 반드시 합당(合當)하지 않느니라.

原文)---------------------------------------

善男子 此陀羅尼威神之力 不可思議 不可思議
선남자 차다라니위신지력 불가사의 불가사의
歎莫能盡 若不過去久遠已來廣種善根 乃至名字
탄막능진 약불과거구원이래광종선근 내지명자
不可得聞 何況得見 汝等大衆 天人龍神 聞我讚歎
불가득문 하황득견 여등대중 천인용신 문아찬탄
皆應隨喜
개응수희

譯解) 훌륭한 남자여! 이 다라니(陀羅尼)의 위신(威神)에 의한 힘은 불가사의(不可思議)하고 불가사의(不可思議)하여 아! 능(能)히 다함이 없을 것이나, 만약 과거(過去)로부터 오랬동안 너무 멀리 오면서 널리 선근종자(善根種子)를 심지 않았다면, 다라니(陀羅尼) 이름글자 조차도 들을 수 없을 것인데 하물며 만나볼 수 있겠느냐. 너희들 대중(大衆)들과 하늘사람[天人:

천인]과 용(龍)과 신(神)들은 내가 찬탄(贊嘆)함을 듣고 모두 응당(應當)히 기뻐할 것이나,

原文)--

若有謗此呪者 即爲謗彼九十九億恒河沙諸佛 若於
약유방차주자 즉위방피구십구억항하사제불 약어
此陀羅尼生疑不信者 當知其人永失大利 百千萬劫
차다라니생의불신자 당지기인영실대리 백천만겁
常淪惡趣 無有出期 常不見佛 不聞法 不覩僧
상륜악취 무유출기 상불견불 불문법 불도승

譯解) 만약 이러한 다라니(陀羅尼)를 비방(誹謗)하고 있는 자(者)라면 곧 저 99억항하사(九十九億恒河沙) 수(數)의 모든 부처님들을 비방(誹謗)하는 것이며, 만약 이러한 다라니(陀羅尼)를 믿지 않고 의심(疑心)하는 자(者)는 마땅히 알지니라! 그 사람은 영원(永遠)토록 큰 이익(利益)을 잃게 되어 백천만겁(百千萬劫)에도 항상(恒常) 악취(惡趣)에 빠져서는 벗어날 기약(期約)이 없어 항상(恒常) 부처님을 뵙지도 못하고, 불법(佛法)을 듣지도 못하며, 승단(僧團)도 분간(分揀)하지 못하게 되는 것이니라.

原文)--------------------------------------

一切衆會 菩薩摩訶薩 金剛密跡 梵釋四天 龍鬼神

일체중회 보살마하살 금강밀적 범석사천 룡귀신

聞佛如來讚歎此陀羅尼 皆悉歡喜 奉敎修行

문불여래찬탄차다라니 개실환희 봉교수행

譯解) 일체회중(一切會中)의 중생(衆生)과 보살마하살(菩薩摩訶薩)과 금강밀적(金剛密跡)과 범천왕(梵天王)과 제석천왕(帝釋天王)과 사천왕(四天王)과 하늘[天:천]과 용(龍)과 귀(鬼)와 신(神)들이 부처님 여래(如來)께서 이 다라니(陀羅尼)를 찬탄(贊嘆)하심을 듣고는 모두 다 매우 기뻐하며, 그 가르침을 받들어 닦아 행(行)하였다.

-終-

三大密敎陀羅尼 讀誦本

삼대밀교다라니 독송본

1. 무량수여래근본다라니 범어원음 한글 독송본[全文]---不空本

나모 라뜨나 뜨라야야 나막 아리야 아미따바야 따타가따야 아르하떼 삼먁삼붇다야 따드야타 옴 아므리떼 아므리또 드바웨 아므리따 삼바웨 아므리따 가르베 아므리따 싣데 아므리따 떼제 아므리따 위끄란떼 아므리따 위끄란따 가미네 아므리따 가가나 끼르띠까레 아므리따 둔두비 스와레 사르와르타 사다네 사르와 까르마 끌레샤 끄싸얌 까레 스와하

2. 보협인다라니 범어원음 한글 독송본[全文]---不空本

나막 스뜨리야 디위까남 사르와 따타가따남 옴 뷰위바 와다와리 와짜리 와짜따이 수루수루 다라다라 사르와 따타가따 다뚜다리 빠드맘 바와띠 자야와리 무드리 스마라 따타가따 다르마 짜끄라 쁘라와르따나 와즈리 보디만다 룸까라 룸끄리떼 사르와 따타가따 디쓰띠떼 보다야 보다야 보디 보디 붇디야 붇디야 삼보다니 삼보다야 짜라짜라 짜람뜨 사르와 와라나니 사르와 빠빠위가떼 후루후루 사르와 쇼까위가떼 사르와 따타가따 흐리다야 와즈라니 삼바라 삼바라 사르와 따타가따 구희야 다라니 무드리 붇데 수붇데 사르와 따타가따 디쓰띠따 다뚜 가르베 스와하 사마야 디쓰띠떼 스와하 사르와 따타가따 흐리다야 다뚜무드리 스와하 수쁘라 띠쓰띠따 스뚜베 따타가따 디쓰띠떼 후루후루 훔훔 스와하 옴 사르와 따타가따 우쓰니싸 다뚜 무드라니 사르와 따타가땀 사다 뚜위부씨따 디쓰띠떼 훔훔 스와하

3. 천수다라니 범어원음 한글 독송본[부분발췌文]---金剛智本

나모 라뜨나 뜨라야야 나막아리야 왈로끼떼슈와라야 보디사뜨와야 마하사뜨와야 마하까루니까야 사르와 바예쓰요 뜨라나 까라야 따스마이 나마스끄리뜨와 이나마아리야 왈로끼떼슈와라 바씨땀 니라깜따베 나마흐리다야 마브라따이찌야미 사르와 타사다깜 슈왐 아지얌 사르와 부따남 바와마르가 위슏다깜 따드야타 옴 알로께 알로까 마띠로까 띠끄람떼 헤 하레 마하보디사뜨와 스마라 흐리다얌 꾸루꾸루 까르맘 사다야 사다야 두루두루 위얀티 마하위얀띠 다라다라 다렌드라슈와라 짜라짜라 위마라 마라 아리야 왈로끼떼슈와라 라가위싸 위나샤나 드위싸위싸 위나샤나 모하위싸 위나샤나 후루후루 마라후루 하레 빠드마나바 사라사라 시리시리 수루수루 붇디야 붇디야 본다야 본다야 마이떼 니라깜따 까마스야 다르샤남 쁘라끄라다야 마나 스와하 싣다야 스와하 마하싣다야 스와하 싣다 요게 슈와라야 스와하 니라깜따야 스와하 와라하 무카야 스와하 마하다라 심하 무카야 스와하 빠드마 하스따야 스와하 마하 라꾸따 다라야 스와하 짜끄라 유다야 스와하 샹카 삽다니 본다나야 스와하 마마스깐다 위싸스티따 끄리쓰니지나야 스와하 위야그라 짜마 니와사나야 스와하

나모 라뜨나 뜨라야야 나막아리야 왈로끼떼슈와라야 스와하
나모 라뜨나 뜨라야야 나막아리야 왈로끼떼슈와라야 스와하
나모 라뜨나 뜨라야야 나막아리야 왈로끼떼슈와라야 스와하

4.무량수여래근본다라니 범어원음 로마나이즈 독송본[全文]---不空本

Namo ratna trayāya/ Namah: ārya (a)mitabhaya/ Tathāgatāyā (a)rhāte samyaksam.buddhāya/ Tadyathā/ Om. amr.ite/ Amr.ito dbhave/ Amr.ita sam.bhave/ Amr.ita garbhe/ Amr.ita siddhe/ Amr.ita teje/ Amr.ita vikrante/ Amr.ita vikranta gāmine/ Amr.ita gagana kirtikare/ Amr.ita dundubhi svare/ Sarvārtha sādhane/ Sarvā karma kle`sa ks.ayam. kare svāhā/

5.보협인다라니 범어원음 로마나이즈 독송본[全文]---不空本

Namah: striya dhvikanām./ Sarva tathāgatanām./ Om./ Bhuvibha vadavari/ Vacari/ Vacat.ai/ Suru suru dhara dhara/ Sarva tathāgata/ Dhātudhari padmam. bhavati/ Jayavari/ Mudri smara/ Tathāgata dharma cakra/ Pravarttana vajri bodhi man.da/ Lum.kara/ Lum.kr.te/ Sarva tathāgatā dhis.t.ite/ Bodhaya bodhaya/ Bodhi bodhi/ Buddhya buddhya/ Sam.bodhani sam.bodhaya/ Cala cala/ Calam.tu/ Sarva varan.ani/ Sarva pāpavigate/ Huru huru/ Sarva `sokavigate/Sarva tathāgata/ Hr.daya vajran.i/ Sam.bhara sam.bhara/ Sarva tathāgata/ Guhya dharan.i mudri/ Buddhe subuddhe/ Sarva tathāgatā dhis.t.ita/ Dhātu garbhe svāhā/ Samayā dhis.t.ite svāhā/ Sarva tathāgata hr.daya dhātumudri svāhā/ Supra tis.t.ita stubhe tathāgatā dhis.t.ite huru huru hūm. hūm. svāhā/ Om. sarva tathāgata/ Us.n.īs.a dhātu mudrān.i sarva tathāgatam. sadha tuvi bhus.itā dhis.t.ite/ Hūm. hūm. svāhā/

6. 천수다라니 범어원음 로마나이즈 독송본[全文]---金剛智本

Namo rātna trayāya/Namah: āryā/Valokite`svarāya/Bodhisatvāya/ Mahāsatvāya/Mahākārun.ikāya/Sarva bandhana/Cchedana karāya/ Sarva bhava/Samudram. suks.an.a karāya/Sarva vyadhi/ Pra`samana karāya/Sarvetityu padrava/Vinā`sana karāya/Sarva bhayes.yo/Tran.a karāya/Tasmai namaskr.tvā inama aryā/ Valokite`svara bhas.itam. nirakam.t.abhe/Nāma hr.daya/ Mavrataicchyami/Sarvā thasadhakam./`Suvam. ajiyam./Sarva bhūtanam./Bhavamarga vi`suddhakam./Tadyathā/Om./ Āloke āloka mati/Lokā tikram.te he hare āryā/Valokite`svara/Mahābodhisatva/ He bodhisatva/He mahābodhisatva/He virya bodhisatva/He mahākārun.ikā/Smara hr.dayam./Hi hi hare āryā/Valokite`svara/ Mahe`svara/Parama tracitta/Mahākārun.ikā/Kuru kuru karmam. sadhaya sadhaya/Vidhyam./N.ihe n.ihe tavaram./Kamam. gama/ Viham.gama vigama siddhayuge`svara/Dhuru dhuru viyanti/ Mahā viyanti/Dhara dhara dharendra`svara/Cala cala vimala mara/Āryā/Valokite`svara/Jina kr.s.n.i/Jatā makuta/Varam.ma praram.ma viram.ma/Mahāsiddha vidyadhara/Vara vara mahāvara/ Bala bala mahābala/Cara cara mahācara/Kr.s.n i vr.n.a dīrgha/ Kr.s.n.i paks.a dīrghatana/He padma hasti/Cara cara di`sacale `svara/Kr.s.n.i sarapa kr.ta yajyopavita/Ehye he mahā varahamukha/Tripūra dahane`svara/Narayan.a varupa/Varamarga ari he nirakam.ta he mahākāra/Hara hara/Vis.a nirjita lokasya/ Rāgavis.a vinā`sana/Dvis.avis.a vinā`sana/Mohavis.a vinā`sana/ Hulu hulu marahulu hale/Mahā padma nābha/Sara sara/Siri siri/

Suru suru/Muru muru/Buddhya buddhya/Boddhaya boddhaya/ Maite/Nirakam.ta ehye he mamasthita syim.hamukha/Hasa hasa/ Mum.ca mum.ca/Mahāt.āt.a hasam./Ehye he pam. mahā siddhayuge`svara/San.a san.a vāce/Sadhaya sadhaya vidhyam./ Smara smara/`Sam.bhagavam.tam. lokita vilokitam./Loke`svaram. tathāgatam./Dadāheme dar`sana/Kamasya dar`sanam./Prakradaya mana svāhā/Siddhāya svāhā/Mahā siddhāya svāhā/Mahā siddhāya svāhā/Siddhā yoge `svaraya svāhā/Nirakam.t.aya svāhā/Varāha mukhāya svāhā/Mahādara syim.ha mukhaya svāhā/Siddha viddhyadharaya svāhā/Padma hastaya svāhā/Kr.s.n.i sarpa kr.dhya yajyopavitaya svāhā/Mahā lakut.a dharāya svāhā/Cakra yudhaya svāhā/`San,kha `sabdani boddhanāya svāhā/Mamaskanda vis.asthita kr.s.n.ijināya svāhā/Vyāghra cama nivasanāya svāhā/ Loke`svarāya svāhā/Sarva siddhe`svaraya svāhā/Namo bhagavate āryā valokite`svarāya bodhisatvāya mahāsatvāya/Mahākārun.ikāya/ Siddhyantume mantra padāya svāhā/

三大密敎陀羅尼 梵字本
삼대밀교다라니 범자본

무량수여래근본다라니 범자본[全文]---不空本

(*별도첨부내용: 범자(梵字)의 서법결합(書法結合) 체계(體系)를 연구(硏究)하여 직접(直接) 제작(製作)해 본 자료(資料)로서 무량수여래근본다라니(無量壽如來根本陀羅尼) 범자(梵字)는 상단(上段)의 좌측(左側)에서 시작(始作)하여 우측(右側)으로 순차적(順次的)으로 표기(表記)되어 있는 것이며, 다음의 보협인다라니(寶篋印陀羅尼)와 천수다라니(千手陀羅尼)도 이와 같다.)

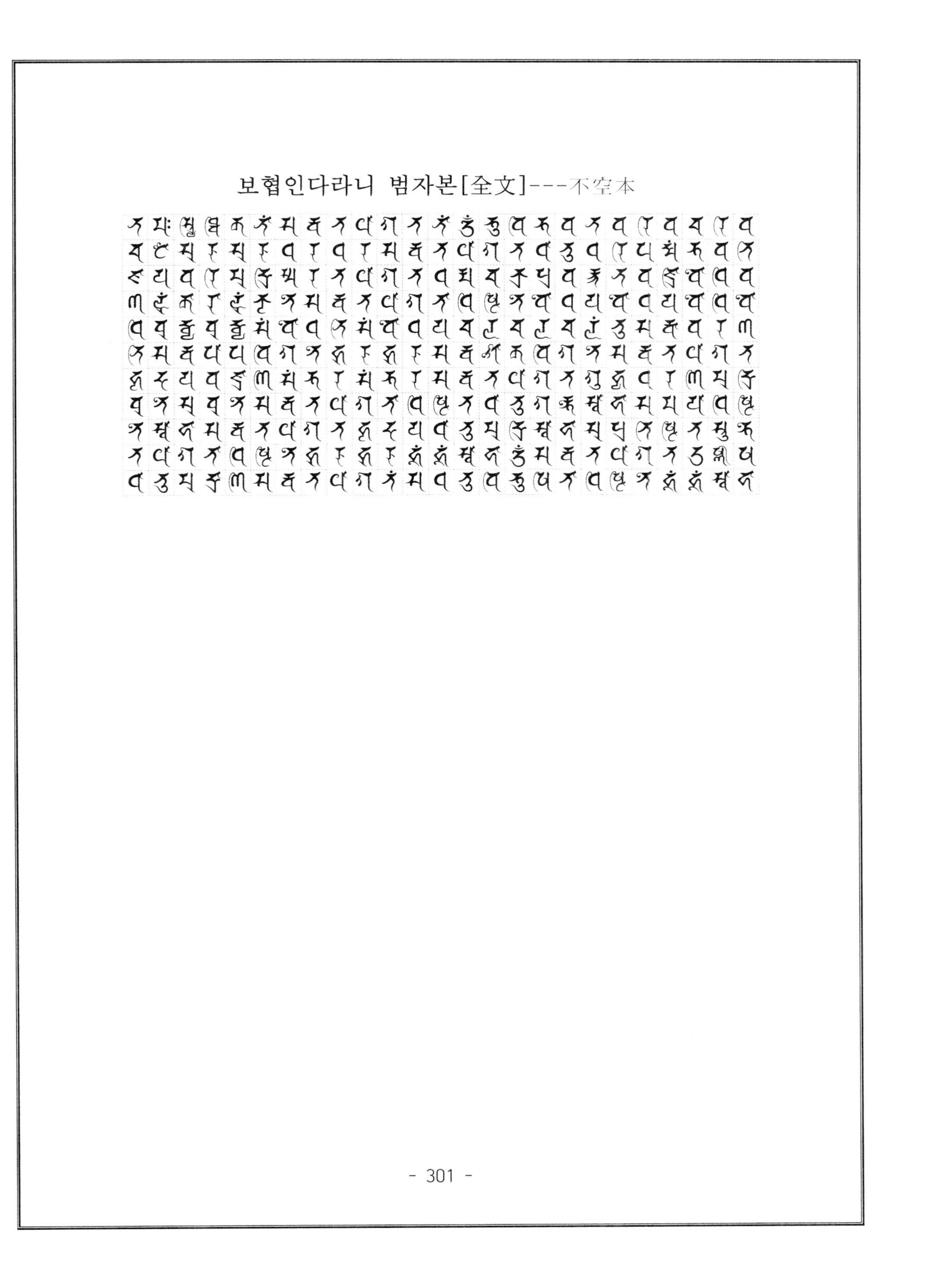

보협인다라니 범자본[全文]---不空本

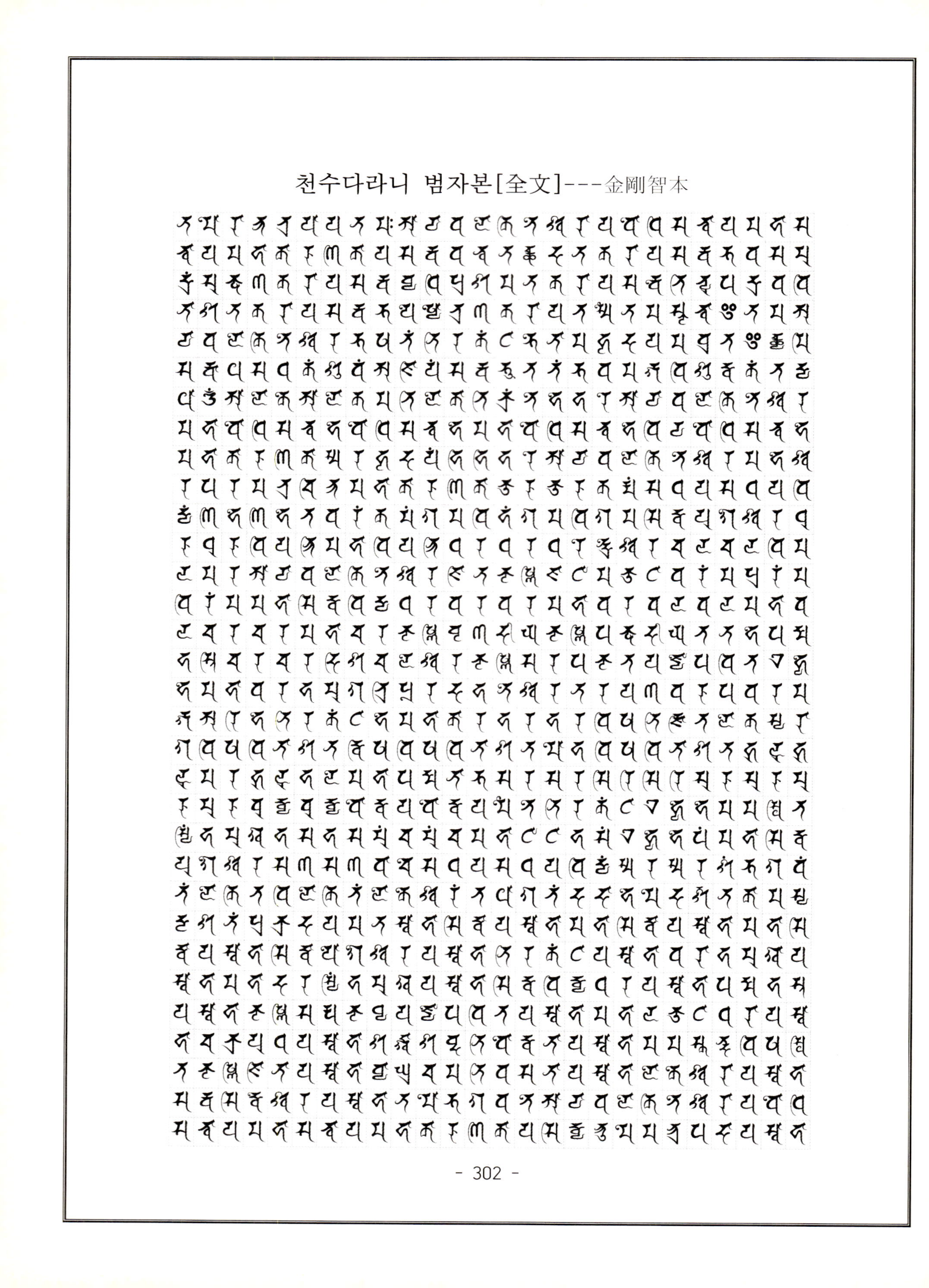

천수다라니 범자본[全文]---金剛智本

<참조자료>

밀교경전성립사론---송장유경(松長有慶) 著 · 장익(張益) 譯
실담범자입문---이태승 · 최성규 共著
시공불교사전---곽철환 編著

고려대장경(高麗大藏經)
중화대장경(中華大藏經)
대정신수대장경(大正新脩大藏經)

三大密教陀羅尼 삼대밀교다라니

초판 1쇄 인쇄 2014년 11월 7일
초판 1쇄 발행 2014년 11월 14일

편역자 보덕(普德)·지안(芝岸)
펴낸이 문해성
펴낸곳 상원문화사
주 소 서울시 은평구 신사 1동 32-9 대일빌딩 2층
전 화 02)354-8646 팩시밀리 02)384-8644
이메일 mjs1044@naver.com
출판등록 1996년 7월 2일 제8-190호

ISBN 979-11-85179-08-7 (03220)

이 도서의 국립중앙도서관 출판예정도서목록(CIP)은 서지정보유통지원시스템 홈페이지(http://seoji.nl.go.kr)와 국가자료공동목록시스템(http://www.nl.go.kr/kolisnet)에서 이용하실 수 있습니다.(CIP제어번호: CIP2014029404)